中国少数民族语言学习丛书

◎ 主编　范俊军

JINGHPO GA HKO 900

景颇语900句

◎ 岳扎丫　刀艾灵　岳文建　编著

世界图书出版公司
广州·上海·西安·北京

图书在版编目（CIP）数据

景颇语900句/岳扎丫，刀艾灵，岳文建编著. —广州：世界图书出版广东有限公司，2023.4

（中国少数民族语言学习丛书/范俊军主编）

ISBN 978-7-5232-0271-5

Ⅰ. ①景… Ⅱ. ①岳… ②刀… ③岳… Ⅲ. ①景颇语—口语 Ⅳ. ①H259.94

中国国家版本馆CIP数据核字（2023）第061203号

书　　名	景颇语900句 JINGPOYU 900 JU
主　　编	范俊军
编 著 者	岳扎丫　刀艾灵　岳文建
责任编辑	李　婷
责任技编	刘上锦
出版发行	世界图书出版有限公司　世界图书出版广东有限公司
地　　址	广州市海珠区新港西路大江冲25号
邮　　编	510300
电　　话	020-84184026　84453623
网　　址	http://www.gdst.com.cn
邮　　箱	wpc_gdst@163.com
经　　销	新华书店
印　　刷	佛山市浩文彩色印刷有限公司
开　　本	880 mm × 1 230 mm　1/32
印　　张	8.625
字　　数	307千字
版　　次	2023年4月第1版　2023年4月第1次印刷
国际书号	ISBN 978-7-5232-0271-5
定　　价	45.00元

咨询、投稿：020-34201910　weilai21@126.com

总　序

大千世界，万物有声。啸啸虎吼，呦呦鹿鸣，唧唧鸟语，嗡嗡蜂鸣。人类的言谈语音，更是大自然赋予的特殊秉性。有了语言，人们的思维变得活跃和精深，认知有了依托和积淀，行为变得开阔和睿智。通过言语交流，人们相互理解和通融，形成依存协同的群体社会关系。有了语言而发明文字，人类创造了各种文明，几千年传承和发展，延续至今。所以说，语言对于人类社会，就像阳光和空气，是传统和财富，是生活和生命。

中国是统一的多民族社会主义国家，各民族团结和谐、平等互助，继承、发展、融汇和创新了丰富多彩的语言文化。俗话说，到什么山上唱什么歌，在什么地方说什么话。又说，有什么马就配什么鞍，有什么词就配什么歌。还说，什么藤结什么瓜，什么话吟什么调。这些俗语，风趣而形象地表达了语言文化的缤纷多样。

泱泱中华，历史悠长。从东部海岛到西部高原，从漠北草原到南海红林，中华大地56个民族，使用130多种语言，说着500多种方言土话，呈现万家姓、千乡话、百方口音的神奇景象。各民族历史上相互学习，发明创造了30多种文字，有表意文字、意音文字、音节文字；有历史文字、传统文字、类汉字文字、新创文字；有傣泐文、傣绷文、彝文、藏文、东巴文、沙巴文、回鹘文、喃字、古壮字、水书、女书……这些体系多样的文字，积淀了厚重的文化底蕴，焕发出当代的信息活力。科学保护和传承丰富多彩的中华语言文字，是历史的必然，现实的关切。

几十年改革开放，中国的经济生产活动，社群人际交流，交通通信网络，物资信息流动，语言文化生活，发生了全面革新和变化，各地区依存关系更为紧密。语言相通才能信息互通、思想沟通，实现团结互助和共同发展。因此，打造实用的语言产品，提供多样的语言服务，是当今社会经济和文化生活发展的现实需求。基于这个认识，六年前我们提出了编写《中国少数民族语言学习丛书》的构想。正是为各族人民语言服务这个初心，激励了暨南大学一批已毕业和在读的博士生、硕士生和本科生的坚持与执着，感召了学界教师和媒界朋友的热情参与和支持。

疫情过后的南国花城，天蓝气爽，活力、开放、和谐、繁荣的景象已经复现。正适阳春三月，本丛书终将付梓。这套丛书是一个窗口，期望人们欣赏和探究丰富多彩的中国语言文化。这套丛书是一种情怀，期望各族人民在一起工作生活中互相学习语言，通过美妙的语音世界达到心心相印。这套丛书也是一个实践，期望给语言专家和语文工作者一些启示，激发出更广泛的热忱，为国家和人民的生活，创作更多的语言文化产品，创新更好的服务。

范俊军

2023年3月2日于广州暨南园

前　言

景颇族是我国少数民族之一，也是一个有着悠久历史传统的古老民族。景颇族有景颇、浪峨、勒哧、载瓦、波拉五个支系。中华人民共和国成立后，政府根据本民族人民的意愿，将景颇族群统称为景颇族。我国境内的景颇族主要居住在云南省德宏傣族景颇族自治州，其他分布在怒江傈僳族自治州、临沧市耿马傣族佤族自治县、普洱市澜沧拉祜族自治县等地，总人口将近14万（2021年）。境外主要分布在缅甸、印度，称为“克钦”或“新福”（音译）。

景颇族生活在我国喜马拉雅南麓的西南山地，在漫长的生产生活历史中，景颇人创造和发展了独具特色的族群传统文化。目瑙纵歌节、银泡长刀、原生态绿叶宴、美味鬼鸡，这些都为大众熟知。景颇族有自己的语言和文字。不同支系使用不同的语言，但大多会讲景颇语和载瓦语，景颇族文字有景颇文和载瓦文两种，都是以拉丁字母为基础的拼音文字。

改革开放以来，景颇族生活地区的交通和通信得到了快速发展，社会、经济、文化、教育等领域发生了全新的变化。人们走出高山峡谷，各民族深入接触交流，快速融入现代生活文明，使得景颇族社群语言文化更加多元化。我们用新景颇文编写了这本《景颇语900句》，书中选编了38个日常主题，涵盖生活常见交际领域，并且用景颇语—普通话—粤语三语对照编排。本书既可以为景颇族新生代学习和传承传统文化提供自学便利，也可以为社会大众开启一个了解景颇族语言文化的小窗口，还可以帮助在外寻求发展的景颇族读者学习普通话和粤语，有助于他们快速融入到当代社会生活中。

本书由岳扎丫和岳文建于2018年拟出600句初稿，2021年刀艾灵对书稿作了内容增补和进一步修改。暨南大学中文系少数民族语言文学专业博士生罗倩同学在录音制作方面给予了大力协助，硕士生王雅茜同学承担了粤语翻译工作。出版社编辑也提出了很好的修改建议。在此一并致谢。

限于作者的学识和能力，书中难免有错漏之处，恳切希望广大读者批评指正。

编　者

2023年2月

目 录

一、问候
SHACHYEN SHAGA LAM

学句子 Ga yan sharin

01 Hkamja nga nni? / Gaja nga ai i?

你好?

你好?

02 Shat sha sai i? / Shat i sha sa?

吃饭了吗?

食咗饭未啊?

03 Sha sai. / Rai n sha shi ai.

吃了。/还没吃呢。

食咗喇。/仲未食啊。

04 Nguipyo ai manap rai u ga. / Nguipyo ai shana rai u ga.

早上好。/晚上好。

早晨。/晚上好。

05 N hkrum ai grai na sai.

好久不见。

好耐冇见。

06 Nang hte hkrum lu ai majo grai gabu sai.

见到你很高兴。

见到你好开心。

07 Yahte hkamja nga nni?

最近身体还好吗?

呢排身体几好嘛?

08 Hkamja nga ai. Nang go rang? / Nang go gaja nga nni?

还好，你呢?

几好，你呢?

09 Anhte mung hkamja nga ga ai.

我们也很好。

我哋都好好。

10 Nta de no gan wa sana. Bai hkrum ga!

先回家了。再见!

翻屋企先。再见!

11 Rau jang bai sa chyai rit.

有空再过来玩。

得闲再嚟玩。

12 Abui sha yo! / Gaungui yo!

慢走啊!

慢慢行!

13 Chyeju grai gaba sai! / Chyeju gaba sai!

非常感谢！/谢谢！

唔该晒！/多谢！

14 Ana sai. / Shut sai yo.

不好意思。/对不起。

唔好意思。/对唔住。

15 Ngai na shaga mying go Ma Hkon nga ma ai, Nhkum gasha re.

我叫麻宽，姓岳。

我叫麻宽，姓岳。

16 Hpa n ra ai, ngai nang hpe n shara ai.

没关系，我不怪你。

唔紧要，我唔怪你。

17 Chyeju hte no yen ya rit.

请让一下。

唔该借过。

18 Ngai shachyen ya made, ndai go salang Ma No re.

我来介绍一下，这是麻糯先生。

我嚟介绍一下，呢位系麻糯先生。

19 Nang go hpa bo gasha rai?

你姓什么?

你姓乜?

20 Nta masha ni gaja nga ai i?

家里人都好吧？

屋企人都几好嘛？

21 Nang gade gaba sa? / Nang asak gade ning rai sa?

你多大了？/你几岁了？

你几大喇？/你几岁喇？

22 Ngai daining hkun mali ning rai sai.

我今年24岁了。

我今年廿四岁喇。

23 Nannau ni marai gade re?

你有几个兄弟姐妹？

你有几个兄弟姊妹？

24 Ngai gana langai hte ganau la sha langai lu ai.

我有一个姐姐和一个弟弟。

我有一个家姐同一个细佬。

25 Yahte grai kyin ai i? / Yahte amu grai lo ai i?

最近忙吗？/这段时间事情多吗？

呢排忙嘛？/呢段时间多唔多嘢做啊？

26 Ngai nang hpe chye na zon re, ganang kun mu yu sai.

我看你有点面熟，好像在哪里见过。

我睇你有啲面善，好似喺边度见过。

学单词 Ga hko sharin

景颇语	普通话	粤语
hkamja	健康	健康
shachyen	介绍	介绍
shakram	问候	问候
ngai	我	我
nang	你	你
shi	他，她	佢
anhte	我们	我哋
nanhte	你们	你哋
shanhte	他们	佢哋
ndai	这	呢
wora	那边；那个	嗰边；嗰个
hpa bo	什么	咩（嘢），乜（嘢）
mying	姓名	姓名
garum	帮忙	帮手
chyeju gaba sai	谢谢	多谢
nta wa	回家	翻屋企
hkau	表兄弟	表兄弟
dung	坐	坐
sai	了（句尾词）	喇（句尾词）
i	呢（语气词），吧（语气词）	呢（语气词），啩（语气词）

景颇族取名字 Mying shamying

景颇族一般根据排行取名字，男女分开排行。名字前面有一个ma，读音同汉语“麻”，意思是孩子。类似汉语老大、老二、老三……这样的叫法。一般情况下，男女排行到老九，老九之后就用“Htang Gam，Htang No.../Htang Ko，Htang Lu...”这样的叫法。例如：

男名		女名		汉语
Ma Gam	麻干	Ma Ko	麻果	老大
Ma No	麻糯	Ma Lu	麻鲁	老二
Ma La	麻腊	Ma Roi	麻锐	老三
Ma Tu	麻都	Ma Htu	麻途	老四
Ma Tang	麻当	Ma Kai	麻该	老五
Ma Yo	麻约	Ma Tom	麻东	老六
Ma Hka	麻卡	Ma Pri	麻比	老七
Sharoi	示锐	Ma yun	麻云	老八
Ma hkying	麻京	Ma kying	麻京	老九

二、问路
LAMN SAN

学句子 Ga yan sharin

01 Kongsung gahtong gara ko rai?

广宋寨在哪里?

广宋寨喺边度?

02 Ngai mung n chye ai, nang masha ni hpe san yu su!

我也不太清楚，你问问别人吧!

我都唔系好清楚，你问下第个啦!

03 Bum wora maga de re.

在山那边。

喺山嗰边。

04 Ma La ni na nta gara hku sa ai rai?

麻腊家怎么去?

麻腊屋企点去啊?

05 Chyeju hte ngai hpe no garum la rit!

请帮助我一下!

唔该帮下我!

06 Ndai hku dingyang hkom nna hkra maga de mago shang wa jang du sai.

一直走，然后往右拐就到了。

一路行，跟住转右就到喇。

07 Ngai hpa lu garum dat na rai?

我能帮点什么忙?

我可以帮啲咩啊?

08 Nang ngai hpe woi sa rit, i mai a ta?

你带我过去，可以吗?

你带我过去，得唔得?

09 Ndai ginra na mying go hpa bo nga ai rai?

这个地方叫什么?

呢个地方叫咩啊?

10 Ndai go Mangshi re.

这是芒市。

呢度系芒市。

11 Shawa wunli makop dap ndai hku sa ai i re ta?

公安局是从这里走吗?

公安局系唔系由呢度行啊?

12 Tsirung gara maga de rai?

医院在哪个方向?

医院喺边个方向?

13 **Ndai lam hku dingyang hkom sa wa jang mu sai.**

从这里一直走就会见到了。

由呢度一路行就会见到喇。

14 **Lam ndai langai sha re.**

只有这条路。

系得呢条路。

15 **Nshon ko nna pru wa jang du sai.**

从陇川出去就到了。

由陇川出去就到喇。

16 **Ngai lam dam mat sai.**

我迷路了。

我荡失路喇。

17 **Ngai lamu ga sumla langai ra nga ai.**

我需要一张地图。

我需要一张地图。

18 **Ginwang do asuya rung gara hku sa a ta?**

乡政府怎么走?

乡政府点行?

19 **Hkying hkum chyen mi daram ra ai.**

需要半小时左右。

要半个钟头左右。

20 Namdum ganang re ta?

厕所在哪里？

厕所喺边度？

21 Pai maga de mago shang wa jang du sai.

左转就到了。

转左就到喇。

22 Mangshi ginsup dabang ganang re ta?

芒市广场在哪里？

芒市广场喺边度？

23 Lengho ko nna Mangshi du yang gade daram tsan a ta?

梁河到芒市大概有多远？

梁河到芒市大概有几远？

24 Nanhte lam hkom shut sai.

你们走错路了。

你哋行错路喇。

25 Ndai ko na nbungli gut du yang gade na hkra hkom ra a ta?

从这里到飞机场要多久？

由呢度去飞机场要几耐啊？

学单词 Ga hko sharin

景颇语	普通话	粤语
ginra/shara	地方	地方
sanseng	干净	干净
gahtong	村寨	村寨
lamu ga sumla	地图	地图
nbungli gut	飞机场	机场
za-dek rung	邮局	邮局
Sakhkung mungdo	德宏州	德宏州
namdum	厕所	厕所
lam dam	迷路	荡失路
pai maga	左边	左边
hkra maga	右边	右边
dingyang	一直	一直
lam gaba	大路	大路
lam ningbro	十字路口	十字路口
bum lam	山路	山路
wanleng lam	铁路	铁路
sumtsan lam	远路	远路
hpunggo	转弯	转弯
re	是（增强语气）	系
rai	吗（语气词）	

三、坐车
MODO JON

学句子 Ga yan sharin

01 Modo daru gara ko rai?

车站在哪里？

车站喺边度？

02 Ndai ko modo daru gade nga ai rai?

这里有几个车站？

呢度有几个车站？

03 Ndai ko modo daru langai sha nga ai.

这里只有一个车站。

呢度系得一个车站。

04 Mangshi de sa yang modo gara ko sa jon ai rai?

去芒市在哪里坐车？

去芒市喺边度坐车？

05 Ndai ko nna Shuili sa yang gade daram tsan ai rai?

从这里到瑞丽大概有多远？

由呢度到瑞丽大概有几远啊？

06 Lam makau ko modo hkap shara langai nga ai.

路口有一个候车处。

路口有一个候车处。

07 Modo lakmat gara ko sa mari la na rai?

去哪里买车票？

去边度买车票？

08 Nang gara de sa ai modo lakmat mari na rai?

你要买去哪里的车票？

你要买去边度嘅车票？

09 Shuili de sa ai modo lakmat manu go gade wa rai?

去瑞丽的票价是多少？

去瑞丽嘅票价系几多啊？

10 Lap hkun re, nang gade wa ra na rai?

20元，你要几张？

廿蚊，你要几张？

11 Nau go n tsan ai.

不是很远。

唔系好远。

12 Ngai modo chye na ai.

我会晕车。

我会晕车。

13 **Ngai ndai ko modo la nga ai.**

我在这里等车。

我喺呢度等车。

14 **Lawan u! Modo lau hkom sai.**

快点！车子要开了。

快啲！架车就嚟开喇。

15 **Daraiba, no jahkring ya rit, ngai ndai ko yu na.**

师傅，麻烦停一下车，我在这里下车了。

师傅，唔该停下车，我喺呢度落车。

16 **Loiza de sa yang hkying hkum gade ra ai rai?**

去拉咱需要几个小时?

去车我哋要几个钟头啊?

17 **Modo ya mung n du ai go!**

车子怎么还没来啊!

架车做咩仲未嚟啊!

18 **Hpang jahtum na modo galoi hkom a ta?**

最后一班车是什么时候走?

最后一班车几时走啊?

19 **Galoi na modo lakmat?**

什么时候的车票?

几时嘅车票?

20 Ndai ko na modo jon yang hkying hkum masum ra ai.

从这里坐车要3个小时。

由呢度坐车要3个钟。

21 Anhte modo shong jon nna wanleng bai jon na re.

我们先坐汽车，再转火车。

我哋坐汽车先，再转火车。

22 Modo ndai marai mali sha mai jon ai.

这车只能坐4个人。

呢部车净系坐得4个人。

23 Ngai daraiba a makau ko dung na.

我要坐副驾驶位。

我要坐副驾。

24 Modo lakmat yu yu ga!

请出示车票!

请出示车票!

25 Modo lahkum nambat ko yu nna dung ra ai.

上车后要对号入座。

上咗车要对号入座。

学单词 Ga hko sharin

景颇语	普通话	粤语
modo jon	坐车	坐车
modo daru	车站	车站
modo lakmat	车票	车票
modo na	晕车	晕车
modo got	开车	揸车
modo lung	上车	上车
modo yu	下车	落车
modo la	等车	等车
lam jarik	路费	路费
wanleng	火车	火车
lago leng	自行车	单车
hkring	停	停
gade	几个，多少	几个，几多
mari	买	买
gumhpro	钱	钱
hkoi	元	蚊
shang	进	入
pru	出	出
ai	陈述句句尾词	
na	将要；可能	

数量词 Sonhkum ginsi

景颇语	普通话	景颇语	普通话	景颇语	普通话
langai	一	shi	十	tai	个
lahkong	二	hkun	二十	shi	十
masum	三	sumshi	三十	tsa	百
mali	四	mali shi	四十	hkying	千
manga	五	manga shi	五十	mun	万
kru	六	kru shi	六十	sen	十万
sanit	七	sanit shi	七十	wan	百万
matsat	八	matsat shi	八十	ri	千万
jahku	九	jahku shi	九十	gadi	亿

四、时间
AHKYING ATEN

学句子 Ga yan sharin

01 Daini go laban hpang gade ya rai? / Laban shani re.

今天星期几？/星期天。

今日星期几？/星期日。

02 Hpotni din nhtoi gade ya rai? / Pro manga ya re.

后天是几号？/5号。

后日系几号？/5号。

03 Hpotni jong dat sai, nang hpa bo galo na rai?

明天放假，你要做什么？

听日放假，你要做咩啊？

04 Mani nang hpa bo galo sai rai?

昨天你做了什么？

琴日你做咗咩啊？

05 Daining hpa shaning rai? / Nga shaning re.

今年是什么年？/牛年。

今年系咩年？/牛年。

06 Nang galoi sa wa ai rai?

你什么时候来的？

你几时嚟㗎？

07 Ngai du ai lahkong masum ya rai sai.

我已经来几天了。

我已经嚟咗几日喇。

08 Ya hkying gade rai sa?

现在几点了？

而家几点啊？

09 Ya hkying shi rai sai. / Hkying shi e manit mali shi manga rai sai.

现在10点了。/10点45分了。

而家10点喇。/10点45分喇。

10 Ya hkying gade re ai ngai n chye ai.

我不知道现在是几点钟。

我唔知而家几点钟。

11 Na-yi hkying kru ko ngoi na hku galo ton su!

定个6点的闹钟吧！

定个6点嘅闹钟啦！

12 Manit hkun hpang maga de du na sai.

过20分钟就到了。

过20分钟就到喇。

13 Na nbungli hkying gade na rai? / Hkying shi lahkong na re.

你的飞机是几点的? /是12点的。

你嘅飞机系几点㗎? /系12点嘅。

14 Manit shi sha ra sai.

只剩下10分钟了。

得翻10分钟喇。

15 Hkying jahku lau du sai.

马上到9点了。

就嚟9点喇。

16 Shana yuptung rai sai.

已经是午夜了。

已经系午夜喇。

17 An hkying gade hkan hkrum na rai?

我俩大概几点见面?

我哋两个大概几点见面?

18 Hkying shi ko hkrum ga!

10点见面吧!

10点见面啦!

19 Ngai na na-yi hkon malap kau sai.

我忘记戴手表了。

我唔记得戴手表喇。

20 Nang a daido nhtoi galoi rai?

你生日是哪天?

你生日系边日?

21 Daini go shata jahku nhtoi shi langai ya re.

今天是9月11日。

今日系9月11日。

22 Anhte rung go hkying jahku ko she bungli shang ai.

我们单位9点才上班。

我哋单位9点钟先上班。

23 Nta ko nhtoi hti laika i lu ai rai?

家里有日历吗?

屋企有冇日历啊?

24 Hpradin ni go nhtoi gaja re.

大后天是好日子。

大后日系好日子。

25 Hpotni go nlung nnan sha poi rai sai. / Hpotni go mam nnan sha poi rai sai.

明天就是新米节了。

听日就系新米节喇。

学单词 Ga hko sharin

景颇语	普通话	粤语
laban hpang langai ya	星期一	星期一
laban hpang lahkong ya	星期二	星期二
laban hpang masum ya	星期三	星期三
laban hpang mali ya	星期四	星期四
laban hpang manga ya	星期五	星期五
laban hpang kru ya	星期六	星期六
laban shani	星期天	星期日
lai wa sai laban	上周	上个礼拜
ndai laban	这周	呢个礼拜
ya na laban	下周	下个礼拜
manit	分钟	分钟
hkying	时间（点）	时间（点）
na-yi	手表	手表
shaning	年份	年份
nhtoi hti laika	日历	日历
maning	去年	旧年
daining	今年	今年
htaning	明年	出年
mani	昨天	琴日
daini	今天	今日

景颇族月份名称 Shata mying

景颇语	普通话	景颇语	普通话
hkru ta	一月	kap shata	阴历
ra ta	二月	asuya shata	阳历，公历
wut ta	三月	shaning shata son ladat	历法
shala ta	四月	shata gaba	大月
jahtum ta	五月	shata gaji	小月
sangan ta	六月	pro	月初
shi mari ta	七月	pro de	月初，上旬
gupshi ta	八月	shagong	中旬
guptung ta	九月	si de	下旬
kala ta	十月		
maji ta	十一月		
maga ta	十二月		

五、天气
LAMU MASA

学句子 Ga yan sharin

01 Hkunhkro ai lado du sai.

旱季到了。

旱季到喇。

02 Yinam lado shang wa sai.

进入雨季了。

到雨季喇。

03 Marang grai lo ai.

雨水很充沛。

雨水好足。

04 Marang htu sai.

下雨了。

落雨喇。

05 Marang gaja gaba le!

雨下得真大呀！

雨落得好大啊！

06 Marang no htu nga ai. / Marang n htu sai.

还在下雨。/雨停了。

仲落紧雨。/雨停咗。

07 Marang htu ai hpang n-goi la-tum bai pru sai.

雨后出现了彩虹。

落完雨出现咗彩虹。

08 Mu gung sai.

打雷了。

打雷喇。

09 Sin hkrat sai.

下冰雹了。

落冰雹喇。/落雪珠喇。

10 Jan pru wa sai.

太阳出来了。

太阳出咗嚟。

11 Hpotni go lamu hpong na sai.

明天应该天晴了。

听日应该天晴喇。

12 Nshung ta shang wa sai.

进入冬天了。

到冬天喇。

13 Gyona bai hkrat sai.

又下雪了。

又落雪喇。

14 Daini lamu i hpong a ta?

今天天气怎么样？

今日天气点啊？

15 Daini lamu grai hpong tsom ai.

今天天气很好。

今日天气好好。

16 Grai gahtet saup ai.

天气非常闷热。

天气好焗热。

17 Daini go grai gashung la ai.

今天太冷了。

今日太冻喇。

18 Nbung gaba la ai.

风太大了。

风太大喇。

19 Ya shinggan de saiwan grai htat ai.

现在外面雾很大。

而家出便雾好大。

20 Lamu marang shiga madat yu ga.

听一下天气预报。

听下天气预报。

21 Hpotni grai gashung na re da.

听说明天会很冷。

听讲听日会好冻。

22 Palong htat htat hpun ra ai.

衣服要穿厚点。

衫要着厚啲。

23 Daini go mani na hta grau gashung ai.

今天比昨天还要冷。

今日仲冻过琴日。

24 Daini go grai lum ai.

今天挺暖和的。

今日几暖。

25 Daining go hkunhkro la ai.

今年太干燥了。

今年太干燥喇。

学单词 Ga hko sharin

景颇语	普通话	粤语
hkunhkro lado	干季，旱季	旱季
yinam lado	雨季	雨季
lamu	天空	天
marang	雨	雨
gyona	雪	雪
hpong	晴	晴
mu	雷	雷
myihprap	闪电	闪电
sin	冰雹	冰雹，雪珠
palong	衣服	衫
lum	暖和	暖
gahtet	热	热
gashung	冷	冻
bam	潮湿	潮湿
jan	太阳	太阳
nbung	风	风
htingra ta	春天	春天
yinam ta	夏天	夏天
mangai ta	秋天	秋天
nshung ta	冬天	冬天

六、住宿

WA SHANG YUP

学句子 Ga yan sharin

01 Manam jarop gara ko nga ai rai?

请问哪里有宾馆？

请问边度有宾馆啊？

02 Ndai makau mayan ko grai lo ai!

附近有很多！

附近有好多！

03 Lana mi yup yang gade wa rai?

住一晚多少钱？

住一晚几多钱？

04 Lana mi latsa e hkoi hkun re.

住一晚120元。

住一晚120蚊。

05 Manam jarop hkying gade ko hpo a ta?

宾馆几点开门？

宾馆几点开门？

06 Shana hkying shi lahkong ko chyinghka la ai.

晚上12点关门。

晚黑12点关门。

07 Yup gok i no nga ai rai?

还有房间吗?

仲有冇房啊?

08 No nga ai, gok gade ra na rai?

还有的，要几间?

仲有嘅，要几间?

09 Gok langai sha ra na. / Gok mi sha ra na.

只要一间。

净系要一间。

10 Gade ya yup na rai?

要住几天?

要住几日?

11 N yup sai, lakmat lajang ya rit.

退房，开发票吧。

退房，开发票啦。

12 Daina nang gara ko yup na rai?

你今晚住在哪里?

你今晚住喺边度?

13 Nang ko wa manam na, i mai a ta?

去你那里住，可以吗？

去你嗰度住，得唔得？

14 Lani mi tup lam hkom nna grai pu mat sai.

走了一天的路很疲惫。

行咗成日路好攰。

15 Atsom hkringsa la su!

好好休息吧！

好好唞下啦！

16 Ngai hka no gan shin la na.

我先洗一下澡。

我冲下凉先。

17 Nba lo sai i?

被子够了吗？

被够唔够啊？

18 Nanhte nta grai shingkang nga ai le!

你们家很气派嘛！

你哋屋企好有排场㖞！

19 Yup saga! Nguipyo ai shana rai u ga!

晚安！祝您有个美好的夜晚。

早唞！祝你有个美好嘅夜晚。

20 Ngai azim sha nga ai gok ra mayu ai.

我想要安静的房间。

我想要间静啲嘅房。

21 Ngai ndai gok n ra ai.

我不要这个房间。

我唔要呢间房。

22 Manam jarop na lusha gok ganang re ta?

酒店餐厅在哪里？

酒店餐厅喺边度？

23 Manap shat hkying gade hta mai sa sha na rai?

早餐几点开始供应？

早餐几点开始供应？

24 Ngai gok yu yu na i mai a ta?

我可以看一下房间吗？

我可唔可以睇下房间啊？

25 Ngai ndai gok la na.

我要订这个房间。

我要订呢间房。

学单词 Ga hko sharin

景颇语	普通话	粤语
yup	睡觉	瞓觉
manam jarop	宾馆	宾馆
chyinghka hpo	开门	开门
chyinghka la	关门	关门
jahpot manap	早上	朝早
shana	晚上	晚黑
mana	昨晚	琴晚
daina	今晚	今晚
hpotna	明晚	听晚
ta shin	洗手	洗手
man myit	洗脸	洗面
hka shin	洗澡	冲凉
jahpot do	上午	上昼
shani do	中午	中午
shana de do	下午	下昼
wan sat / wan la	关灯	熄灯
yupmang mu	做梦	发梦
yup rot	起床	起身
a ta	疑问句句尾词	
u ga	祈使句句尾词	

房屋建筑 Nta hkrang

景颇族主要居住在山区，房屋多为竹木结构的草房和木板房，分上下两层，上层住人，下层饲养家禽牲畜。房屋为长廊形，两端开有房门，进门后有一条过道。房间里有一根木柱，大小粗细不一，木柱在景颇族象征着财产和势力。房间有三至十间不等，有门无窗。屋内设有火塘，用于煮饭烧茶，地面铺上竹篾席作寝榻。随着社会的变迁和经济的发展，传统的景颇族房屋已很少见，大多数房屋的建筑材料和样式趋于现代化。

七、找人
MASHA TAM

学句子 Ga yan sharin

01 Nang gadai hpe tam ai rai?

您找哪位？

您揾边位？

02 Zau Hkang a nta gara ko re ta?

早康的家在哪里？

早康嘅屋企喺边度？

03 Dingyang hkom sa wa jang du sai.

一直走就到了。

一路行就到喇。

04 Hkau, nanhte gahtong na Zau Bok nta i nga ai rai?

老表，你们寨子的早波在家吗？

老表，你哋寨嘅早波喺唔喺屋企啊？

05 Nga ai, shi hpe tam ai go nhpa amu ra ai rai?

在的，你找他有什么事啊？

喺啊，你揾佢有乜事啊？

06 Nang jahkring no la u, ngai sa shaga ya de.

你等一下，我帮你去叫他。

你等一阵，我帮你去叫佢。

07 Nanhte rung na ningbo wa i nga ai rai?

你们单位的领导在吗？

你哋单位领导喺唔喺度啊？

08 Ningbo wa bungli hte seng nna pru hkom mat wa sai.

领导有公事出差了。

领导有公事出咗差。

09 Nga ai, jahkring no la u!

在的，请稍等！

喺度，唔该等阵！

10 Ma Ko, gan pru wa yu rit!

麻果，出来一下！

麻果，出一出嚟！

11 Ma No gara de sa sai rai?

麻诺去哪里了？

麻诺去咗边度？

12 Ma La gara rung ko bungli galo a ta?

麻腊在哪个单位工作？

麻腊喺边个单位做嘢？

13 Ginwang asuya rung ko bungli galo ai .

在县政府工作。

喺县政府做嘢。

14 Ma Roi, nang hpe masha ni tam nga ai.

麻锐，有人在找你。

麻锐，有人揾你。

15 Shi pru wa sai, nang chyahkring mi no la u yo.

他（她）出去了，你等一下吧。

佢出咗去，你等一阵啦。

16 Ma Htu na chyenan nambat no tsun dan rit.

请把麻图的电话号码告诉我一下。

唔该话我知麻图嘅电话号码。

17 Ma No wa jang ngai hpe sa tam shangun u yo!

麻诺回来后，叫他来找我一下！

麻诺翻嚟之后，叫佢嚟揾下我！

18 Longchyang hpun ai dingla langai lai wa ai i mu ai rai?

有没有看到有个穿黑衣服的老人走过？

有冇睇到个着黑衫嘅老人家行过啊？

19 Sara Zinghtung jong ko no nga a ni?

董老师还在学校吗？

董老师仲喺唔喺学校啊？

20 Ngai na shong hte amu lama mi tsun ra ai.

我有事要和你姐姐说。

我有嘢要同你家姐讲。

21 Wui, gaja nga ai i? Ngai nanhte rung na salang Labang hpe tam mayu ai.

喂，您好，我找你们单位的王先生。

喂，你好，我揾你哋单位嘅王生。

22 Shi zuphpong hpong nga ai, nang lahkring hkan chyenan gayat ya su.

他正在开会，您稍后再来电话吧。

佢开紧会，你迟啲再打电话嚟啦。

23 Tsi sara Nhkum ganang re ta?

岳医生在哪里?

岳医生喺边度?

24 Shi ana ga gadoi nga ai.

他正在做手术。

佢做紧手术。

25 Nanhte jong na lit la masha ganang re ta?

你们学校负责人在哪里?

你哋学校嘅负责人喺边度?

学单词 Ga hko sharin

景颇语	普通话	粤语
tam	找	揾
chyenan nambat	电话号码	电话号码
bungli galo	工作	做嘢
tsirung	医院	医院
byada dap	派出所	派出所
madu tai	做主	话事
manya masu	装傻	扮傻
masu sha hkrum	上当	上当
chyeju dum	感谢	感谢
mara hkam la	认错	认错
gashun	抢	抢
rung	单位	单位
ginwang asuya rung	县政府	县政府
jak rung	工厂	工厂
jong	学校	学校
shat seng	饭店	饭店
ga-lo hkat	吵架	嗌交
adup hkat	打架	打交
tongban	道歉	道歉
su	祈使句句尾词	

八、吃饭
SHAT SHA

学句子 Ga yan sharin

01 Nanhte seng ko hpa bo mu hpa lu ai rai?

你们店有些什么好吃的?

你哋铺头有乜好食嘅嘢啊?

02 Nang hpa bo sha mayu a ta?

你喜欢吃什么?

你中意食乜?

03 Mangshi Wuhkoshu de Sam shat seng grai nga ai.

芒市五棵树那边有很多傣味餐馆。

芒市五棵树嗰边有好多傣味餐馆。

04 Shat seng ko shong sa htet ta su!

先去饭店订个位!

去饭店订个位先!

05 Dai ko shat seng nnan hpo sai, i sa sha yu na rai?

那里新开了饭店，要去尝一下吗?

嗰度新开咗间餐厅，去唔去试下啊?

06 Daina hpa sha na rai?

今晚吃什么？

今晚食乜？

07 Uhkrong gayau sha ga!

拌鬼鸡吃吧！

捞鬼鸡食啦！

08 Anhte Jinghpo shat seng de sa sha ga.

我们去景颇饭店吃吧。

我哋去景颇饭店食啦。

09 Lauban, simai no htet la na.

老板，点一下菜。

老细，点下餸。

10 Nga gayi hte chyinghkrang simai ra na.

点个包烧鱼和青菜汤。

点个包烧鱼同青菜汤。

11 Ndai ko nga gayi i dut a ta?

这里有包烧鱼吗？

呢度有冇包烧鱼啊？

12 Lu ai, manu go sumshi re.

有的，价钱是30元。

有嘅，价钱系30蚊。

13 **Japhtu i htet sai rai?**

春菜点了吗？

春菜点咗未？

14 **Ngai nga shan shapyo sha mayu ai.**

我想吃水煮牛肉。

我想食水煮牛肉。

15 **Hka-wan hkoize no la sa wa ya rit.**

帮忙拿一下碗筷。

帮手攞下碗筷。

16 **Hpa-lap no tu jo rit.**

请上点茶水。

唔该攞茶水嚟。

17 **Lolo sha ga! N gaya ra ai.**

多吃一点！不用害羞。

食多啲！唔使怕丑。

18 **Lauban, gumhpro gade ang ai kun?**

老板，要多少钱？

老细，要几钱？

19 **Shat simai grai mu ai, bai sa wa na!**

饭菜很好吃，下次再来！

啲饭餸好好味，下次再嚟！

20 Shat rau sha ga.

一起吃饭吧。

一齐食饭啦。

21 Shanpung rai n mu shi ai, chyahkring mi no gakang su.

竹筒肉还不够入味，再烧一下吧。

竹筒肉都唔够入味，煮多下啦。

22 Shat hka-wan mi tagot ya rit.

盛一碗米饭给我。

装碗白饭畀我。

23 Simai ndai jum n mu ai, majap mung n jap ai.

这道菜盐不够，也不够辣。

呢味餸唔够盐，又唔够辣。

24 Jinghpo simai ndai ni go gadai galo ai re ta? Yu yang grai mu na zon re.

这一桌景颇菜是谁做的？看起来很好吃的样子。

呢围景颇菜系边个煮嘅？睇落好好味喎。

学单词 Ga hko sharin

景颇语	普通话	粤语
uhkrong gayau	鬼鸡（菜名）	鬼鸡（菜名）
shatmai / simai / simo simai	菜	餸

续表

景颇语	普通话	粤语
shat sha	吃饭	食饭
shat shadu	煮饭	煮饭
shatmai shadu / simai shadu	做菜	煮餸
hka-wan	碗	碗
hkoize	筷子	筷子
gom	杯子	杯
zum mi	一双	一对
gumhpro jo / jahpan shajup	结账	埋单
chyinghkrang	青菜	青菜
mu	好吃	好食
u	鸡	鸡
shan	肉	肉
nga	鱼	鱼
bainam	羊	羊
hkatsu	虾	虾
chyahkan	螃蟹	蟹
Jinghpo simai	景颇菜	景颇菜
rit	祈使句句尾词	

饮食习俗 Lu sha lam

景颇族闲时每日两餐，忙时三餐，主食为大米，副食有豆类、薯类、蔬菜和野菜野果。菜肴多是加盐与辣椒烧煮，少油炒，口味偏好酸辣、苦涩。以前常用芭蕉叶裹着吃，现在普遍用碗筷。如果在山上劳动会带饭包，也常常用芭蕉叶裹着吃。景颇族特色菜有：鬼鸡、鸡稀饭、舂菜、拌马蹄菜、竹筒烧牛肉、竹筒烧鱼等。

景颇人常说："舂筒不响，吃饭不香。"因此，家家户户都有一个竹制舂筒，用舂棒舂出了一道道佳肴。干巴、干鱼、野菜、豆类、菌类、瓜类等都可以做舂菜的原料，以葱、姜、蒜、小米辣、核桃、折耳根、豆豉、小番茄、芫荽、荆芥等做佐料。景颇族的舂菜是开胃、下酒小菜，是景颇族每一顿饭的必备菜肴。

九、购物
RAI MARI

学句子 Ga yan sharin

01 Gara ko seng gaba nga ai rai?

哪里有大一点的商店？

边度有大啲嘅商店啊？

02 Nang hpa bo mari na rai?

你要买什么？

你要买乜？

03 Ngai dat sumla hkrung mari mayu ai.

我想买台电视。

我想买部电视。

04 Ndai ko hkum mari, gaga de sa yuyu ga!

不要在这里买，去别的地方看看吧！

唔好喺度买，去第度睇下啦！

05 Palong ndai i hkrak ai rai?

这件衣服质量好吗？

呢件衫质量好唔好？

06 Nang yu yang gara hku?

你看怎么样？

你睇下点？

07 Ndai nang hte htuk sha rai sai.

这个正合你的身。

呢个啱晒你身。

08 Labu ndai nau gaba mat sai.

这条裤子太大了。

呢条裤太大喇。

09 Ngai buwong langai ra mayu ai.

我想买条裙子。

我想买条裙。

10 Ngai ginsup gyepdin zum mi ra mayu ai.

我想买双运动鞋。

我想买对运动鞋。

11 N mari tim mai hpun chyam yu ai.

不买也可以试穿一下。

唔买都可以试下。

12 Nau hpu sai, loi mi no shayom ya rit.

太贵了，再便宜点吧。

太贵喇，再平啲啦。

⑬ **Ndai manu gade wa rai?**

这个价钱是多少（怎么卖）?

呢个几多钱（点卖）?

⑭ **Nambat gade gaba ai ra na rai?**

你要多大码的?

你要几大码嘿?

⑮ **Ndai ko na rai hkrak dik ai re.**

这里的东西质量最好了。

呢度啲嘢质量最好喇。

⑯ **Ngai gumhpro ayoi n lu ai.**

我没有零钱。

我冇散纸。

⑰ **Nang gara mahtang ra na rai?**

你喜欢哪个?

你中意边个?

⑱ **Ngai no lata yu na. / Ngai n mari ai, sha yuyu ai.**

我先选一下。/ 我不买，我只是看看。

我拣下先。/ 我唔买，我净系睇下。

⑲ **Hpa no mari na rai?**

还要买点什么?

仲要买啲乜?

20 N mari sai, wa saga!

不买了，我们走吧！

唔买喇，我哋走啦！

21 Ten rau ai shaloi bai sa mari ga!

有空再来买吧！

得闲再嚟买啦！

22 Mago tai mi manu gade wa rai?

这一箱梨多少钱？

呢箱梨几多钱？

23 Kru shi manga, mago si ndai grai mu ai.

65元，这梨可好吃了。

65蚊，呢种梨好好食㗎。

24 Ra lata seng de rai arau sa mari ga.

一起去超市买点东西吧。

一齐去超市买啲嘢啦。

学单词 Ga hko sharin

景颇语	普通话	粤语
buwong	裙子	裙
labu	裤子	裤

续表

景颇语	普通话	粤语
zauhkai seng	鞋店	鞋铺
hpu	贵	贵
lu lang na ai	耐用	经用
manu	价格	价格
manu hkrat	降价	降价
manu hpa	便宜	平
tsom	漂亮	靓
dut	卖	卖
mari	买	买
chyenan/ta chyenan	电话，手机	电话，手机
manu dara	讲价	讲价
laika seng	书店	书店
laika ka hking rai	文具	文具
pongtin tsi	墨水	墨水
bochyop	帽子	帽
shadon shadang	尺寸（规格）	尺寸（规格）
gumhpro ayoi	零钱	散纸
ga	祈使句句尾词	

十、看病
ANA JEP

学句子 Ga yan sharin

01 **Daini hkum loi n pyo ai, gara ko tsi seng nga ai rai?**

今天身子有点不舒服，哪里有药店？

今日身体有啲唔舒服，边度有药店？

02 **Nang a myiman asit re ai, machyi a ni?**

你脸色很不好，是不是病了？

你面色好差，系唔系病咗？

03 **Nang tsirung de sa yuyu su.**

你还是去一下医院吧。

你都系去下医院啦。

04 **Mana rai sha shut nna, kan mase ai hte madon ai hte rai grai nga yak ai.**

昨晚我吃错东西，又拉又吐很难受。

琴晚我食错嘢，又屙又呕好唔舒服。

05 **Htora gat de tsirung langai nga ai, nang sa yuyu su.**

那条街有家医院，你去看一下。

嗰条街有间医院，你去睇下。

06 Tsi sara, yahte ngai hkrai n lu yup yup re ai.

医生，最近我老失眠。

医生，呢排我成日失眠。

07 Nang bo sharot dat yu u, ngai yuyu ga.

你抬起头，我看一下。

你担高个头，我睇下。

08 Nang tsa nau lu shalo ai majo, wo shang ai re.

你喝太多酒了，所以感冒了。

你饮得太多酒喇，所以感冒咗。

09 Ngai tsirung rong ra ai kun?

我需要住院吗？

我使唔使住院？

10 Tsi masum mali ya htu jang rai sai.

打三四天针就好了。

打三四日针就得喇。

11 Tsi ndai bo, shat sha ai hpang hkyep mi sha u.

这种药饭后吃一粒。

呢种药食完饭食一粒。

12 Shi tsirung rong ai shata mi rai sai, pru wa hkyem sai.

他已经住了一个月医院，要出院了。

佢已经住咗一个月院，要出院喇。

13 Ngai lago gayo kau nga ai.

我把脚崴了。

我扭亲脚。

14 Ngai nang hpe nam tsi sa tam gayop ya na.

我去找点草药给你敷上。

我去揾啲山草药同你罨下。

15 Nta wa nna atsom wa hkringsa su, amu hkum galo kyin.

回家好好休息，不要急着干活。

翻屋企好好休息，唔好急住做嘢。

16 Nang chyahkring mi gan dung nga su, ngai tsi sa mari ya de.

你先坐一下，我帮你去买药。

你坐下先，我去帮你买药。

17 Dui nong e n lu yup rai ai, lamu mung jang hkrihkro hkrai chye machyi chyi rai ai.

奶奶经常睡不好，而且天气不好关节就会疼。

阿嫲成日瞓唔好，而且天气唔好关节就痛。

18 Nam tsi loi mi shadu lu ra sai.

要煮一点草药喝了。

要煲啲山草药饮。

19 Yahte wo shang mat nga ai.

最近感冒了。

呢排感冒咗。

20 Hkum loi mi shaman ra sai.

要锻炼一下身子了。

要锻炼下身体喇。

21 Nang ganang n nga pyo ai rai?

你哪里不舒服?

你边度唔舒服?

22 Ngai gahtet nna jahkru ai.

我有发烧和咳嗽(的症状)。

我发咗烧同埋会咳。

23 Tsi sha ai laman lusha asan nga ai sha ra ai, tsa n mai lu ai.

吃药期间饮食要清淡,不能喝酒。

食药期间饮食要清淡,唔饮得酒。

24 Ana jep yang tsi sara tsun ai hku madat ra ai.

看病时要听从医生安排。

睇医生阵时要听医生安排。

25 Tsi sara ngai hpe hpotni bai jep yu ga nga ai.

医生让我明天再做检查。

医生叫我听日再做检查。

学单词 Ga hko sharin

景颇语	普通话	粤语
tsi seng	药店	药店
gato hkra	摔伤	跌伤
kan	肚子	肚
hka-li bu	打摆子（疟疾）	疟疾
tsi sara	医生	医生
tsirung	医院	医院
nam tsi	草药	山草药
tsi galai	换药	换药
tsi shadu	熬药	煲药
kan mase	拉肚子	肚屙
lago	脚	脚
awo wo	感冒	感冒
tsi htu	打针	打针
hpunlum	热水	热水
myiman nsam	脸色	面色
tsirung rong	住院	住院
ma shangai	生孩子	生仔
bo machyi	头疼	头痛
madon	呕吐	呕
jahkru	咳嗽	咳

身体部位名称 Hkumhkrang na shamying shaman lam

景颇语	普通话	景颇语	普通话
bo	头	sai lam	血管
gahtan	额头	salum	心脏
myi	眼睛	sinwop	肺
ladi	鼻子	sin	肝
n-gup	嘴	shagri	胆
shinglet	舌头	sade	肾
na	耳朵	sinpai	脾
nhka	下巴	shat kan	胃
ta lahpan	手掌	pushi	小肠
ta latsa	手指	pu gaba	大肠
sinda	胸	pu lakying	阑尾
du	脖子	jit shabong	膀胱
yuhkro	喉咙	jit lam	尿道
kan	肚子	hkum hpyi	皮肤
tangbau	臀	nra	骨头
lahput	膝盖	lago	脚

十一、赶集
GAT SA/GAT SHANG

学句子 Ga yan sharin

01 Daini go Manseng gat shani rai sai.

今天是芒线赶集的日子。

今日系芒线趁圩嘅日子。

02 Hkau, gat i sa na rai?

老兄，去赶集吗？

老友，去唔去趁圩啊？

03 Daini go hpa bo gat rai?

今天哪个地方赶集？

今日边个地方趁圩？

04 Ngai manap gat shang na, gat rai gachyi mi sa dut na.

我要赶早集，卖点街货。

我要趁早圩，卖啲街货。

05 Sa! Gat rau sa ga.

走！我们一起赶集去。

行！我哋一齐去趁圩。

06 **Ngai hpe jum no mari wa ya rit.**

帮我带点盐巴回来。

帮我带啲盐翻嚟。

07 **Nga shan gyin mi gade rai? Ngai gyin mali ra na.**

牛肉多少钱一斤？我要4斤。

牛肉几钱一斤？我要4斤。

08 **Jang n du ai, loi no jat ya rit.**

秤不够，再加一点。

未够秤，再加啲。

09 **Ngai ma-hkra la na, yom htum gade wa rai na?**

我全要了，最低多少钱？

我要晒，最低几多钱？

10 **Bai shayom jang go n mai dut sai.**

再少就不能卖了。

再少就唔卖喇。

11 **Gat galoi wai ai rai?**

集市什么时候散？

几时散圩？

12 **Hkying manga ko wai sai.**

5点钟就散了。

5点钟就散喇。

13 **Yahte hpakyi grai hpu ai.**

最近香菜很贵。

呢排芫茜好贵。

14 **Shanam hparo mung mari ra sai.**

姜蒜也需要买一下。

姜蒜都要买哟。

15 **Sakhkung ga de saling si grai lo ai.**

德宏地区有很多羊奶果。

德宏地区有好多羊奶果。

16 **Anhte jangwom si sa mari sha ga!**

我们去买菠萝吃吧!

我哋去买菠萝食啦!

17 **Ari si grai hkri ai.**

藤椅果吃起来很酸。

藤椅果食起身好酸。

18 **Ndai nta na wanduhpun grai mu ai.**

这家的豌豆粉很好吃。

呢间店嘅豌豆粉好好食。

19 **Ndai go ganang na chyinghkrang re ta?**

这是哪里的青菜?

呢啲系边度嘅青菜?

20 Ndai go Gyangdung bum na chyinghkrang re.

这是江东山上的青菜。

系江东山上嘅青菜。

21 Udi ndai ganing di dut ai rai?

这土鸡蛋怎么卖?

啲土鸡蛋点卖?

22 Ndai go nta u re ni? Yu yang zon n rai nga ai le.

这是土鸡吗? 怎么看着不像。

啲系唔系土鸡啊? 睇落唔似嘅。

23 Ga bum mati ganing di dut ai rai?

鸡枞怎么卖?

鸡枞点卖?

24 Ndai lapran na ga bum mati go grau mu ai, shingrai grau hpu ai.

这几天的鸡枞是最好吃的，所以贵一些。

呢几日嘅鸡枞系最好食嘅，所以贵啲。

25 Ndai go nhpa simai re ta? Ngai n mu yu ai le.

这是什么菜? 我从没见过。

呢啲系乜嘢菜啊? 我从嚟未见过。

学单词 Ga hko sharin

景颇语	普通话	粤语
gaubong	葱	葱
mahkri sum	西红柿	番茄
majap	辣椒	辣椒
hparo / gauhpro	蒜	蒜
shanam	姜	姜
sau	油	油
sishum	味精	味精
jum	盐巴	盐
namsi	水果	生果
nbu si	核桃	核桃
ndung si	菠萝蜜	菠萝蜜
chyingma si	盐酸果	盐酸果
magri si / ari si	藤椅果	藤椅果
saga si	苦瓜	苦瓜
sawum si	桃子	桃
maka si / sagam si	酸木瓜	酸木瓜
sanghpo si	木瓜	木瓜
saling si	羊奶果	羊奶果
htingke	鱼腥草	鱼腥草
dumbau si / ga rong si	苦凉包	苦凉包

饮食习惯 Lu sha lam

由于云南特殊的地理环境和气候，云南人普遍喜欢酸和辣的食物。当天气炎热时，吃酸辣味的食物可以刺激味蕾，让人食欲大开。云南人吃汤菜时会配有一碟蘸水，吃有酸味的水果时会蘸辣椒面或者直接拌在一起，如拌李子、拌羊奶果、拌酸木瓜等。另外，景颇族还常吃有清热解毒之效的苦凉包、苦撒等。这种饮食习惯也逐渐形成了当地独特的菜肴风格。

十二、招工
MU GALO MASHA TAM

学句子 Ga yan sharin

01 Ngai shinggan de mu sa tam galo mayu ai.

我想去外面找点事做。

我想去出便揾啲嘢做。

02 Manang ni hte Kongdung de bungli sa tam galo mayu ai.

想和朋友去广东打工。

想同朋友去广东打工。

03 Sa san yu su, masha gade wa ra ai kun?

去问一下需要招几个工人?

去问下要招几个工人?

04 Nanhte ndai ko masha i ra ai rai?

你们这里招工人吗?

你哋呢度招唔招工人啊?

05 Nang hpa chye galo ai rai?

你会做什么?

你识做乜?

06 Ngai modo gaba chye got ai .

我会开大货车。

我识揸大货车。

07 Ngai shong de gat rai dut yu ai.

我以前做过销售。

我以前做过销售。

08 Jumdui rung ko masha i ra ai rai?

糖厂招工人吗?

糖厂招唔招工人啊?

09 Kumshu gahtam masha ra ai.

招砍甘蔗的工人。

招斩蔗嘅工人。

10 Mu galo masha n lu tam ai, ramma ni shinggan de bungli sa galo ma sai.

招不到工，年轻人都外出打工了。

招唔到工，后生仔都出晒去打工喇。

11 Nang gara ko bungli galo ai rai?

你在哪里上班?

你喺边度上班?

12 Shata mi la-hka gade wa rai?

一个月薪水多少?

一个月人工几多啊?

13 Ngai masha ni hpe ga-hpri di lom ai, lani mi kru shi lu ai.

我帮别人摘咖啡豆，一天挣60元。

我同人哋摘咖啡豆，一日赚60蚊。

14 Hpa-lap lai ma wa sai, hpa-lap di masha marai shi tam na.

茶叶要变老了，要找10个采茶工。

茶叶就嚟变老喇，要揾10个采茶工。

15 Anhte seng ko rai dut masha marai shi ra ai.

我们店要招10个售货员。

我哋铺头要招10个售货员。

16 Shinggan de gumhpro tam sa ra sai.

要去外面挣钱了。

要去外便揾食喇。

17 Nta de gumhpro n mu tam ai.

在家挣不了钱。

喺屋企赚唔到钱。

18 Shata mi na la-hka go hkying mi lahkong tsa re, lu sha yong gon ai.

一个月一千二，包吃包住。

一个月一千二，包食包住。

19 Asak go shi matsat ning a lahta na mali shi manga ning a lawu de na masha ni hpe ra ai.

招年龄在18—45岁之间的。

招年龄喺18—45岁之间嘅。

20 Rai yang go ngai sa galo sana.

那我就过来上班。

噉我就过嚟上班。

21 Ngai ya mu rai n lu ai.

我现在还没有工作。

我而家仲冇嘢做。

22 Nau ba ai, n kam galo sai.

工作太辛苦了，不想干了。

做嘢辛苦过头，唔想做喇。

23 Na laika ngau ndai galang no galo ka ra ai.

你的这份材料得重写。

你嘅呢份材料要写过。

24 Daina zuphpong hpong ra ai, hkum malap.

别忘了今晚要开会。

唔好唔记得今晚要开会。

25 Rung lung yang hpang n mai hkrat ai.

上班不能迟到。

翻工唔能够迟到。

学单词 Ga hko sharin

景颇语	普通话	粤语
jakmu masha	工人	工人
salang	先生	先生；生
shaga mying / mying	名字	名
zon	像	似
daraiba	司机	司机
shangun ma	保姆	保姆
shabrai / la-hka	工资	人工
jumdui rung	糖厂	糖厂
shabrai	费用	费用
san	问	问
htai	解释	解释
lo / jan / ngam	多；剩余	多；剩
modo gaba	大货车	大货车
kyet	勤劳	勤力
galang mi	一次	一次
nlung rung	石厂	石厂
ramma	年轻人	后生仔
kun	吗（语气词）	咩
sana	要；将要	要；就嚟

十三、通信
SHI LET

学句子 Ga yan sharin

01 Za-dek rung de shakram no gan sa shagun kau dat ya rit.

你帮我去邮局寄封信。

你帮我去邮局寄封信。

02 Miyet nang gadai hte chyenan gayat ai rai?

刚刚你在和谁打电话？

你啱啱同边个打电话？

03 Ngai chyenan shabrai shata mi latsa lang ra ai.

我每个月要用100元话费。

我每个月要使100蚊话费。

04 Nang chyenan gayat shut sai.

你打错电话了。

你打错电话喇。

05 Nanhte nga ai shara ko shi let n-gun i ja ai rai?

你们那里手机信号好不好？

你哋嗰度手机信号好唔好？

06 **Ndai ko galang lang shi let n-gun n ja ai.**

这里有时没有信号。

呢度有时冇信号。

07 **Nang a chyenan nambat go Lenhtung na kun? N rai yang Yidung na re ni?**

你是联通的还是移动的?

你系联通嘅定系移动㗎?

08 **Nang a chyenan go Hpyin-go chyenan re ni? N rai yang Sansin chyenan re ni?**

你的手机是苹果还是三星的?

你嘅手机系苹果定系三星㗎?

09 **Ngai a chyenan hten mat sai, no gan gram ya rit.**

我手机坏了，帮我修一下。

我手机坏咗，帮我整下。

10 **Ngai a chyenan shabrai ra mat sai, manga shi no bang ya rit.**

我手机欠费了，帮我充50元。

我手机欠咗费，帮我充50蚊。

11 **Nang a chyenan ngoi sai.**

你的手机响了。

你部电话响咗。

12 Nang hpe chyenan gayat yang, hpa rai dingyang la ton ai re ta?

打你电话，怎么总关机？

打你电话，点解成日关机？

13 Nang hpe chyenan lawan wan nhtang dat na.

我会尽快回你电话。

我会尽快复你电话。

14 Sumtsan de chyenan gayat yang jahpu nau hpu la ai, shiga gadun shalai jo jang rai sai.

打长途费用很贵，发短信就好了。

打长途使费好贵，发短信就得喇。

15 Chyenan hku grai chye masu sha ma ai, loi sadi u.

诈骗电话很多，要小心啊。

诈骗电话好多，要因住啊。

16 Anhte ndai ko datnu n mai gasup ai.

我们这里不能上网。

我哋呢度唔能够上网。

17 Ya go shi let ladat amyu myu hku mai shalai ya hkat sai.

如今，人们的通讯方式越来越多样了。

而家，大家嘅通讯方式越嚟越多样喇。

18 **Shi chyenan n hta ai.**

他没接电话。

佢冇接电话。

19 **Nang na rai du sai, no sa gan la u.**

你的快递到了，麻烦来取一下。

你嘅快递到喇，唔该嚟攞下。

20 **Ya jang sa la na.**

现在就过来取。

而家就过嚟攞。

21 **Ngai na chyenan dat hkyet mat sai.**

我的手机没电了。

我嘅手机冇电喇。

22 **Nang a datnu hkringdat no gan shalai ya rit.**

你的邮箱地址发给我一下。

你嘅邮箱地址发下畀我。

23 **Shong de wa-ya-let hte shiga chye shalai ma ai.**

过去，人们会用电报传递信息。

以前，啲人会用电报传递信息。

24 **Nanhte a seng ko dat sumri n lom ai bo datnu shingwang hkrang nga ai i? Machyi shim nambat gade re ta?**

你们店里有无线网络吗？密码是多少？

你哋铺头有冇无线网络啊？密码系几多啊？

25 **Masha ni hpong shingra ganon mazum shiga shabra punra ko amyu myu nga ai dinglun ga shabra kam ma ai.**

人们喜欢在社交媒体平台上发表各种言论。

啲人中意喺社交媒体平台上发表各种言论。

26 **Ningbo wa shi hton jak hku rung laika nan dem la shangun ai.**

领导要求用传真机扫描文件。

领导要求用传真机扫描文件。

学单词 Ga hko sharin

景颇语	普通话	粤语
wa-ya-let	电报	电报
hkrak	硬实	硬净
yu	看	睇
lang pyo	好用	好用
shakram shagun	寄信	寄信
chyenan wa	来电	来电
chyenan la	关机	关机
chyenan hpo	开机	开机
ngoi	响	响
galo shapro	生产	生产
hten	坏	坏
shabrai ra	欠费	欠费

续表

景颇语	普通话	粤语
shabrai bang	充值	充值
masu hkalem	诈骗	诈骗
chyenan gayat	打电话	打电话
za-dek nambat	邮编	邮编
chyenan shabrai	话费	话费
a ni	疑问句句尾词	
u	祈使句句尾词	

婚恋传信物 Sumtso numhtet ga

以食品传言是景颇族青年表达爱情的一种方式。当小伙子爱上了某位姑娘，常常会给姑娘送去食品表达爱意，送去的食品中会包上树叶（表示话很多）、树根（表示思念）、大蒜（表示求婚）、火柴（表示坚决）、辣椒（表示火热）等。姑娘如果有意，则会把食品送还给小伙子；如果还要考虑考虑，就会在送还的食品中加放几根奶浆菜；如果在退还的食品中添进火炭，则表示拒绝。

小伙子收到送还的食品后，又在食物中放上合拢的嫩树叶（表示希望共同生活）、粮豆（表示早日结婚）再送去。如果姑娘回赠烟草，表示真诚同意。但如果将合拢的树叶扭成背靠背退回去，则表示明确拒绝。这样几来几往，有情人便可通过“正娶”终成眷属。

十四、银行
GUMHPRO DUM

学句子 Ga yan sharin

01 Ndai makau mayan hkan Gungshang gumhpro dum i nga ai rai?

附近哪里有工商银行？

附近边度有工商银行？

02 Ngai gumhpro dum de gumhpro loi sa la na.

我想去银行取点钱。

我想去银行攞啲钱。

03 Nang go gumhpro la na kun? N rai yang gumhpro mahkong bang na kun?

你是要取钱还是存钱？

你系要攞钱定系存钱？

04 Nang gade sa la na? / Ngai gumhpro mun manga la na.

你要取多少钱？/我要取5万元。

你要攞几多钱？/我要攞5万蚊。

05 Nang a gumhpro dum lakmat ko na gumhpro n lo sai.

你卡里的钱不够。

你卡入便唔够钱。

06 Ngai gumhpro dum lakmat langai galo la na.

我要办张银行卡。

我要办张银行卡。

07 Ngai na gumhpro dum lakmat shamat kau sai.

我的银行卡丢了。

我嘅银行卡跌咗。

08 Ngai na gumhpro dum lakmat nambat malap kau sai.

我忘记我的银行卡密码了。

我忘记咗我嘅银行卡密码。

09 Gumhpro dum ko gumhpro mahkong bang yang amyat grai nyem ai, n jo sha ai.

利息很低，存银行不划算。

利息好低，存银行唔抵。

10 Gumhpro dum shana de hkying gade hta la ai rai?

银行下午几点钟下班?

银行下昼几点收工?

11 Bung hkat ai gumhpro dum ko gumhpro shalai yang, mu ban shabrai n hta ai.

同行转账不收手续费。

同行转账唔收手续费。

12 Nang gumhpro shalai ya ai hku lajang yang grau mai na re.

你最好是转账。

你最好系转账。

13 Gumhpro sho jak ko gumhpro shalai yang loi sadi ra ai.

在取款机上转账要小心点。

喺提款机上便转账要小心啲。

14 Ndai go nye a gumhpro sho lakmat re.

这是我的取款单。

呢系我嘅提款单。

15 Nang matpungtin i la sa ai rai?

你带身份证了没有？

你带咗身份证未啊？

16 Tinang a matpungtin hte she gumhpro mai sho ai.

需要你本人身份证才能取钱。

需要你本人身份证先可以攞钱。

17 Manang ni ngai ko gumhpro hkoi ai.

有朋友问我借钱。

有朋友问我借钱。

18 Mani din ngai a ma gumhpro shagun dat ai, du sai kun?

前天我儿子汇了钱给我，到了没有？

前日我个仔汇咗钱畀我，到咗未啊？

19 Gumhpro shalai yang chyahkring mi re hte lu la sai.

转账马上就可以收到。

转账即刻就可以收到。

20 Ngai gumhpro dum ko gumhpro hkoi mayu ai.

我想到银行贷款。

我想去银行贷款。

21 Gumhpro wa ten du sai.

贷款期限到了。

贷款期限到咗。

22 Gumhpro dum ko gumhpro hkoi yang gumhpro gasha gade jo ra ai kun?

银行贷款利息是多少？

银行贷款利息系几多？

23 Nang a gumhpro sumbu hkrat sai.

你的钱包掉了。

你个荷包跌咗。

24 Gumhpro shade sho nna hpa galo na?

取那么多钱干什么？

攞咁多钱做咩啊？

25 Gumhpro dum ko mu sa ban yang nambat la nna hpalen len ra ai.

去银行办理业务要取号排队。

去银行办理业务要攞号排队。

学单词 Ga hko sharin

景颇语	普通话	粤语
gumhpro sumbu	钱包	荷包
ganang rai	在哪里	喺边度
ganing di na rai	怎么做	点做
shagun	寄	寄
mungdan / shara / ginra	国家，地区	国家，地区
akyu htam	服务	服务
gumhpro dum	银行	银行
Gungshang gumhpro dum	工行	工行
Gyenshe gumhpro dum	建行	建行
Nung-ye gumhpro dum	农行	农行
gumhpro dum lakmat	银行卡	银行卡
gumhpro sho	取钱	攞钱
gumhpro mahkong	存钱	存钱
dai hku	那么	噉
gumhpro sho jak	取款机	提款机

续表

景颇语	普通话	粤语
mai ai	好的	好嘅
gayin	转动	转动
gumhpro hkoi	贷款	贷款
gumhpro gasha / amyat	利息	利息
matpungtin	身份证	身份证

十五、办证
LAKMAT GALO

学句子 Ga yan sharin

01 Mu htam lakmat gara ko galo ai rai?

务工证在哪里办？

务工证喺边度办？

02 Nang a matpungtin no la dat yu u.

请出示一下你的身份证。

请出示一下你嘅身份证。

03 Ngai a matpungtin shamat kau sai.

我的身份证弄丢了。

我嘅身份证整唔见咗。

04 Nang gan lang ai bo matpungtin shong mai galo la ai.

你可以先办一张临时身份证。

你可以办一张临时身份证先。

05 Galoi ten lu galo ya na rai?

什么时候能帮我办好？

几时可以帮我搞掂？

06 Gan lang ai bo matpungtin gara ko sa galo la na rai?

到哪里办临时身份证？

去边度办临时身份证？

07 Htinggo jahpan buk lang nna Hpaichuso ko sa galo la ra ai.

拿户口本到派出所办。

攞户口簿去派出所办。

08 Matpungtin galo yang shata langai lahkong rai jang she lu la ai.

办身份证要一两个月才能拿到。

办身份证要一两个月先攞得到。

09 Hpaga lakmat gara ko sa galo a ta?

营业执照去哪里办？

营业执照去边度办？

10 Nanhte ndai ko Hongkong Aumun sa lakmat i mai galo ai rai?

你们这里可以办港澳通行证吗？

你哋呢度可唔可以办港澳通行证啊？

11 Maigan pru lakmat go shawa wunli makop dap de sa galo la ra ai.

护照要到公安局办。

护照要去公安局办。

12 Lam lai lakmat galo yang masat ton ai shara ko datbung sa dem ra ai.

办通行证要到指定地方照相。

办通行证要去指定地方影相。

13 Nang a lakmat aten lai mat sai, lawan bai sa galai la su.

你的证过期了，快去补办。

你嘅证件过咗期，快啲去补办。

14 Ndai ko modo got lakmat la sanpoi shang yang gumhpro gade ra ai rai?

这里考驾照要多少钱？

呢度考车牌要几多钱？

15 Lakmat galo shara chyinghka rai n hpo ai.

办证厅还没有开门。

办证厅仲未开门。

16 Nan a hkungran lakmat la sani?

你们的结婚证领了吗？

你哋嘅结婚证领咗未啊？

17 Daini lakmat sa galo ai masha grai lo ai.

今天来办证的人很多。

今日嚟办证嘅人好多。

18 Lakmat galo yang aten grai ma ai.

办证很耗费时间。

办证好耗时间。

19 Lakmat galoi ten lu la na rai?

证件什么时候可以拿到?

证件几时可以攞到?

20 Shi manga ya hpang de sa la jang rai sai.

再过15天来拿就可以了。

过多15日嚟攞就得喇。

21 Ngai na maigan pru lakmat aten lau du mat sai.

我的护照要到期了。

我嘅护照就嚟到期喇。

22 Modo got lakmat aten du mat jang modo gon rung de sa galai la ra ai.

驾照到期的话要去车管所换证。

驾驶证到期嘅话要去车管所换证。

23 Jongma lakmat galo na rai yang datbung langai mi ra ai.

办理学生证需要交一张照片。

办学生证要交一张相。

24 Nta lakmat galo yang gade daram na ra ai rai?

办理房产证需要多长时间?

办屋契要几耐啊?

25 Nta lakmat galo yang nhpa laika ngau ra ai rai?

办理房产证需要哪些材料?

办屋契要边啲材料啊?

学单词 Ga hko sharin

景颇语	普通话	粤语
asuya	政府	政府
mu htam	务工	打工
hpaga lakmat	营业执照	营业执照
ya jang	立即	即刻
hkungran	结婚	结婚
bat mi	一周	一个礼拜
maigan pru lakmat	护照	护照
datbung	相片	相
loi	简单	简单
nta lakmat	房产证	屋契
sanpoi shang	考试	考试
lakmat	证书	证书
tara ai / tara shang	合法	合法

续表

景颇语	普通话	粤语
npot/majo	原因	原因
mu htam lakmat	务工证	打工证
modo got lakmat	驾照	驾驶证
shamat	丢失	跌咗
ruyak	困难	困难
lachyum	意义	意义
sani	疑问句句尾词	

十六、边疆
MUNG HTINGREP

学句子 Ga yan sharin

01 Anhte go mung htingrep ko shanu nga ga ai.

我们生活在边疆地区。

我哋生活喺边疆地区。

02 Hka ndai go mung jarit hka re.

这条河是边界河。

呢条河系边界河。

03 Hka wora hkran de go Hkahkyin ni shanu ai shara re.

河那边是克钦邦居住的地方。

河嗰边系克钦邦居住嘅地方。

04 Hka ndai rap lai jang go Myen mung rai sai.

跨过这条河就是缅甸了。

跨过呢条河就系缅甸喇。

05 Ndai ginra ko shinggan masha grai lo ai.

这里外来人员很多。

呢度外来人员好多。

06 Amyu htung lai numchying htap lali.

民族风情浓郁。

民族风情浓郁。

07 Myen mung de sa chyai yang i mai ai rai?

可以去缅甸玩吗?

可唔可以去缅甸玩啊?

08 Jarit pru shang lakmat galo ra ai.

要办出入境手续。

要办出入境手续。

09 Shong lam ko gik nga ai.

前边有出境检查站。

前边有出境检查站。

10 Gik du jang modo jahkring u.

到了检查站把车停下。

到咗检查站将车停低。

11 Nang go hpa bo galo ai rai?

你是干什么的?

你系做咩嘅?

⑫ Yinnan go Myen mung, Lauwo,Ye-nan re mungdan masum hte matut hkat ai.

云南与缅甸、老挝、越南3个国家接壤。

云南同缅甸、老挝、越南3个国家接壤。

⑬ Hpaga gaji gajo galo ai re.

做点小本生意。

做啲小本生意。

⑭ Modo ko hto ai go nhpa re ta?

车上运的是什么？

车上运嘅系咩嘢？

⑮ Gat rai gachyi mi hto ga ai.

运一些货物。

运啲货。

⑯ Seng ang lakmat la dat yu u.

请出示相关证件。

请出示相关证件。

⑰ Anhte Myen mung de dingyang hpaga sa galo ai.

我们经常去缅甸做生意。

我哋经常去缅甸做生意。

⑱ Wora hkran de Myen mung rai sai.

对岸就是缅甸了。

对岸就系缅甸喇。

19 **Wandin mahkrai go Miwa mung hte Myen mung mungdan lahkong a jarit mahkrai re.**

畹町桥是中缅两国界桥。

畹町桥系中缅两国界桥。

20 **Yinnan na manan sut rai grai lohtam ai.**

云南的自然资源十分丰富。

云南嘅自然资源非常之丰富。

21 **Jefang gungmyi n-gu go Mangshi na ginra rung rai re.**

遮放贡米是芒市的特产。

遮放贡米系芒市嘅特产。

22 **Anhte mungdan ko mung htingrep mungdo gaba hte madu uphkang mungdo gaba jahku nga ai.**

我国有9个边疆省区。

我国有9个边疆省区。

23 **Yinnan ko mung jarit ginwang hkun manga nga ai.**

云南有25个边境县。

云南有25个边境县。

24 **Yinnnan na mung jarit go deng hkying mali e kru shi du ai.**

云南边境线长达4060公里。

云南边境线长达4060公里。

25 **Anhte ko nna mung htingrep sin makop nga ai hpyenla ni hpe hkungga jo ra ai.**

我们要向戍守在边疆的战士们致敬。

我哋要向戍守喺边疆嘅战士致敬。

学单词 Ga hko sharin

景颇语	普通话	粤语
mung htingrep	边疆	边疆
wora hkran	对岸	对岸
n lo amyu	少数民族	少数民族
sut ngau	资源	资源
galu gaba	生长	生长
lam numshe	路口	路口
gahkan	口岸	口岸
mung jarit gahkan	边境口岸	边境口岸
hkom	走	行
hpun maling	森林	森林
shong de	以前	以前
jarit	界限	界限
htingbu	邻居	隔篱邻舍
madung	主要	主要
tsomhtap	美丽	靓
kang hta rung	海关	海关

续表

景颇语	普通话	粤语
kang hta rung lai	通关	通关
hkring	停	停
hpun mahkrai	木桥	木桥
gasup chyai	玩耍	玩

十七、民族
AMYU

学句子 Ga yan sharin

01 Yinnnan ko n lo amyu myu hpan hkun manga nga ai.

云南有25种少数民族。

云南有25种少数民族。

02 Nanhte mungdo ko hpa bo amyu nga ai rai?

你们州有什么民族?

你哋州有乜嘢民族?

03 Ndai ko Sam amyu, Jinghpo amyu, Lisu amyu, Achang amyu hte Deang amyu ni nga ai.

这里有傣族、景颇族、傈僳族、阿昌族和德昂族。

呢度有傣族、景颇族、傈僳族、阿昌族同德昂族。

04 Sam amyu go masha jahpan grau lo ai, Deang amyu go masha jahpan grau n lo ai.

傣族人口最多，德昂族人口最少。

傣族人口最多，德昂族人口最少。

05 Yinkyang ginwang ko mung Lisu amyu nga ai.

盈江县也有傈僳族。

盈江县都有傈僳族。

06 Nang go hpa bo amyu re ta?

你是什么民族?

你系乜嘢民族?

07 Ngai go Jinghpo amyu re.

我是景颇族。

我系景颇族。

08 Nang hpe yu yang go Sam amyu zon rai ai.

你看起来像傣族。

你睇起嚟似傣族。

09 Ngai na wa go Jinghpo re, nu go Sam re.

我的爸爸是景颇族，妈妈是傣族。

我阿爸系景颇族，阿妈系傣族。

10 Nang Jinghpo ga chye ga ai i?

你会说景颇语吗?

你识唔识讲景颇语啊?

11 Chye ga ai. / N chye ga ai, raitim loi chye madat ai.

我会说的。/我不会说，但能听懂一些。

我识讲㗎。/我唔识讲，但系识听少少。

12 Nang Jinghpo da-go chye go a ni?

你会跳景颇族的达戈吗?

你识唔识跳景颇族嘅达戈?

13 Nang Jinghpo mahkon chye hkon a ni?

你会唱景颇歌吗?

你识唔识唱景颇歌?

14 Ngai ma gaji mahkon sha chye hkon ai.

我只会唱儿歌。

我净系识唱儿歌。

15 Sam amyu go hka jo poi galo ma ai.

傣族过泼水节。

傣族过泼水节。

16 Jingpo ni go manau poi galo ma ai.

景颇族过目瑙纵歌节。

景颇族过目瑙纵歌节。

17 Jinghpo amyu go ako alo manam grai ra ai amyu re.

景颇族是一个热情好客的民族。

景颇族系一个热情好客嘅民族。

18 Mangshi ko nga shanu ai Deang amyu grau lo ai.

芒市聚居的德昂族较多。

芒市聚居嘅德昂族比较多。

19 Nang go ganang na Achang amyu re ta?

你是哪里的阿昌族?

你系边度嘅阿昌族?

20 Ngai go Husa na Achang amyu rai nngai.

我是户撒的阿昌族。

我系户撒嘅阿昌族。

21 Achang amyu go masha jahpan n lo ai.

阿昌族人口不多。

阿昌族人口唔多。

22 Anhte mayu e tsun ai Husa nhtu ngu ai go Mungsa nhtu rai sai.

我们平时说的户撒刀就是阿昌刀。

我哋平时讲嘅户撒刀就系阿昌刀。

23 Ndai wa go Achang amyu, wora wa go Lisu amyu re.

这位是阿昌族，那位是傈僳族。

呢位系阿昌族，嗰位系傈僳族。

24 Sam amyu ni go pa de lo nga ma ai, Jinghpo ni go bum de lo nga ai.

傣族主要聚居在坝子，景颇族大多住在山上。

傣族主要聚居喺坝子，景颇族大多数住喺山上。

25 N bung ai amyu a shai ai kunghpan maka hpe hkungga ya ra ai.

要尊重不同民族的文化差异。

要尊重唔同民族嘅文化差异。

学单词 Ga hko sharin

景颇语	普通话	粤语
amyu	民族	民族
Jinghpo amyu	景颇族	景颇族
Sam amyu	傣族	傣族
Achang amyu	阿昌族	阿昌族
Lisu amyu	傈僳族	傈僳族
Deang amyu	德昂族	德昂族
Miwa amyu	汉族	汉族
grai / nachying	很，非常	好，非常
gachyi chyi	一点点	一啲啲
nga ginra	居住环境	居住环境
gahtong	寨子	寨
bum ga	山区	山区
pa layang	平原	平原
mungdo gaba	省，省份	省，省份
hka chyo poi	泼水节	泼水节

续表

景颇语	普通话	粤语
manau poi	目瑙纵歌节	目瑙纵歌节
nhtu	刀	刀
masha jahpan	人口	人口
zat ka	跳舞	跳舞
nngai	陈述句句尾词	

景颇族 Jinghpo amyu

景颇族是云南特有的少数民族之一，主要聚居在云南省德宏傣族景颇族自治州各县市，少数散居在怒江傈僳族自治州的片马、古浪、岗房以及耿马、澜沧等县，我国藏南地区也有少量分布。据统计，2020年末景颇族人口有13.42万。景颇族也是一个跨国分布的民族，其境外人口主要聚居在缅甸克钦邦、掸邦，称为“克钦”(译音)；少数分布在印度，称为“新福”(译音)。

景颇族有“景颇”“浪峨”“勒俳”“载瓦”“波拉”五个支系。虽然他们在语言上存在一定的差异，比如景颇语属于汉藏语系藏缅语族景颇语支，载瓦语属于汉藏语系藏缅语族缅语支，但是各支系同属于一个民族，是一个团结和睦的大家庭。正是因为它们既有民族的共性，又有自身的个性，所以才组成了一个内涵深刻丰富、文化多姿多彩的整体。

十八、生意
HPAGA LAM

学句子 Ga yan sharin

01 **Salang nang go hpa bo hpaga galo ai rai?**

先生，你是做什么生意的？

先生，你系做咩生意㗎？

02 **Anhte go Myen mung masha ni hte hpaga galo ai.**

我们和缅甸人做生意。

我哋同缅甸人做生意。

03 **Ngai go ndai ko gat ya masa sa sagon hkom nngai.**

我是来这里做市场调查的。

我系嚟呢度做市场调查嘅。

04 **Ndai de hpa hpaga galo yang mai a ta?**

这边有什么生意好做？

呢边有乜生意好做啊？

05 **Myen mung de gat rai se dut yang grai mai ai.**

在缅甸做零售比较好。

喺缅甸做零售比较好。

06 Ngai mung hkan lom mayu ai.

我也想入伙。

我都想夹份。

07 Arang bang nna sha-mu hpun hkai yang mung grai mai ai.

投资种杉木也很好的。

投资种杉木都好好㗎。

08 Arang n lo nga ai, anhte jom pong galo ga!

本钱不够，我们合伙吧！

本钱唔够，我哋夹份啦！

09 Anhte gadi laika bongban yu saga.

我们来谈一下合同。

我哋嚟倾下合同。

10 Ngai lauban wa hpe no shana ra ai.

我还要向老板报告。

我仲要同老细报告。

11 Ndai lang gumhpro gade lu tam la sata?

这次赚了多少钱？

今次赚咗几多钱？

12 Nang hpaga nde nlo ning galo sai go, gumhpro grai lu tam na sai i?

你做生意这么多年，应该赚了很多钱吧？

你做生意咁多年，应该赚咗好多钱啦？

13 Gumhpro n lu tam ai lo, sum mat sai.

没赚到什么钱,亏完了。

冇赚到咩钱，蚀晒。

14 Anhte gara hku garan la na rai?

我们怎么分成?

我哋点分成?

15 Seng hpo ai rai n na shi ai, hpaga nau n gaja ai.

开店还不久，生意不怎么好。

开铺仲冇几耐，生意唔系几好。

16 Shi hpa bo hpaga galo ai rai?

他在做什么生意?

佢做紧咩生意?

17 Datnu hku rai mari yang grai manu ai.

在网上买东西很方便。

喺网上买嘢好方便。

18 Datnu hku rai ganing di mari a ta?

在网上怎么买东西?

喺网上点买嘢?

19 Ndai lahkong masum ning hpa hpaga mung n mai galo ai wa re.

这几年什么生意都不好做。

呢几年乜生意都唔好做。

20 Daining shi hpaga sum hkrat mat sai da.

听说他今年做生意赔光了。

听讲佢今年做生意蚀晒喇。

21 Seng ndai ni hpaga grai gaja nga ai, galoi pyi manam nga ai.

这家店生意很好，随时都有客户。

呢间铺头生意好好，随时都有客户。

22 Namsi lolo hku hkyot dut yang gumhpro lu tam a ni?

水果批发能赚钱吗？

生果批发赚唔赚到钱啊？

23 Ngai Jinghpo shat seng hpo mayu ai, nang ngu yang i mai na rai?

我想开个景颇饭店，你觉得怎么样？

我想开个景颇饭店，你觉得点啊？

24 Hpaga ga yang gadi dung ra ai.

做生意一定要讲信用。

做生意一定要讲口齿。

25 Hpaga ga yang bonu let ra ai hta n-ga, gatya masa hpe mung no chye tau maram ra ai.

做生意不仅要有头脑，还要会预测市场形势。

做生意唔单止要有头脑，仲要识预测市场形势。

学单词 Ga hko sharin

景颇语	普通话	粤语
hpaga	生意	生意
hpaga ga	做生意	做生意
dut lu dut sha / hpaga	买卖	买卖
myit / yo shada	打算	打算
shang lom	加入	加入
bongban	商量	商量
arang	资本，本钱	资本，本钱
myat ai / amyat	利润	利润
gumhpro mahkong	攒钱	存钱
sok sagon	调查	调查
lauban	老板	老细
datnu	电脑	电脑
arang sum	赔本	蚀本
manu	价值	价值
sen htu	签名	签名
shapro	（使）出	（使）出
lolo hku hkyot dut	批发	批发
hkoi / shap	借	借
htam	倍	倍
da	据说，听说	听闻，听讲

十九、珠宝
JA LUNGSENG

学句子 Ga yan sharin

01 **Shuili na lungseng hpaga lam go labau na sai.**

瑞丽翡翠交易历史悠久。

瑞丽翡翠交易历史悠久。

02 **Shuili na ja lungseng rai myu hpan grai lohtam ai.**

瑞丽珠宝玉石品种十分丰富。

瑞丽珠宝玉石品种非常之丰富。

03 **Mangshi, Shuili hte Yinkyang re hkan mung lungseng gat nga ai.**

芒市、瑞丽和盈江都有玉石街。

芒市、瑞丽同盈江都有玉石街。

04 **Shuili ko ja lungseng seng grai lo ai.**

瑞丽有很多珠宝店。

瑞丽有好多珠宝店。

05 **Yinkyang ko mung ja lungseng seng lo wa sai.**

盈江的珠宝店也多起来了。

盈江嘅珠宝店都多咗起嚟。

06 Ja lungseng gali kai rai grai lo ai, hpa ra yang hpa nga ai.

珠宝首饰很多，要什么有什么。

珠宝首饰好多，要乜有乜。

07 Nang lungseng i chye yu ai rai?

你会看玉石吗？

你识唔识睇玉石？

08 Chye yu ai, ngai Shuili ko sharin yu sai.

会的，我在瑞丽学过。

识㗎，我喺瑞丽学过。

09 Nang a lungseng lahkon manu gade jo kau ai rai?

你的玉镯花多少钱？

你嘅玉鈪几多钱？

10 Nang a lungseng grai gaja nga ai.

你的玉很好。

你啲玉好好。

11 Nu ngai hpe lungseng hkachyi langai mari ya ai.

妈妈给我买了一条玉石项链。

阿妈同我买咗一条玉石颈链。

12 Lungseng ndai lahkon galo tim tsom ai, na latan galo tim tsom ai.

这个玉做手镯也漂亮，做耳环也漂亮。

啲玉做手鈪又靓，做耳环又靓。

⑬ **Ndai ko go lungseng galo sama ai jakrung re.**

这里是玉石加工场。

呢度系玉石加工场。

⑭ **Myen mung ko galo sama ai lungseng nau n hkrak ai.**

缅甸的玉石加工很粗糙。

缅甸嘅玉石加工很粗。

⑮ **Ndai ko na lungseng go Hpa-gan na hto wa ai hkrai re.**

这里的玉石都是从缅甸帕敢运过来的。

呢度嘅玉石都系从缅甸帕敢运过嚟嘅。

⑯ **Shanggan lungseng go manu hpa ai, lungseng tsit go manu grau laja ai.**

黄蜡玉便宜，翡翠最贵。

黄蜡玉平哟，翡翠最贵。

⑰ **Lungseng je hte je yom wa sai, lungseng mari yang manu chye rot ai.**

玉石越来越少，买玉可以升值。

玉石越嚟越少，买玉可以升值。

⑱ **Mangshi Mungba na-si ko lungseng hpun grai lo ai.**

芒市勐巴娜西有很多玉树。

芒市勐巴娜西有好多玉树。

19 Kongdung masha lo malo ndai ko na lungseng mari nna wa galo sama ma ai.

很多广东人从这里买玉石回去加工。

好多广东人由呢度买玉石翻去加工。

20 Nang lungseng mari na i?

你要买玉石吗?

你要唔要买玉石?

21 Lungseng la-chyop manu grai hpu ai.

玉石戒指很贵。

玉石戒指好贵。

22 Maza n rong ai lungseng tsit raitim, gaja ai hkrai re n mai ngu ai.

没有瑕疵的不一定是好翡翠。

冇瑕疵嘅唔一定系好翡翠。

23 Ja lungseng rai n rai ganing di ginhka na rai?

怎样鉴定珠宝的真伪?

点样鉴定珠宝嘅真伪?

24 Tengman ai ja lungseng ginhka ginju de sa mai jep yu ai.

可以去正规的珠宝鉴定中心检测。

可以去正规嘅珠宝鉴定中心检测。

25 Ja lungseng gali kai rai hpe aten masat nna gram lajang makop ra ai.

珠宝首饰要定期维护保养。

珠宝首饰要定期维护保养。

学单词 Ga hko sharin

景颇语	普通话	粤语
ja lungseng	珠宝	珠宝
lungseng	玉石，翡翠	玉石，翡翠
manu	价钱	价钱
ja	黄金	黄金
manu dan	有价值	有价值
lahkon	手镯	手鈪
jo; ya / gumhpa	给，送	畀，送
amyu myu	各种	各种
hpaga masha	生意人	生意人
rot wa	上升，起来	上升，起嚟
la-chyop	戒指	戒指
na latan	耳环	耳环
hkachyi	项链	颈链
hkumtsup	齐全	齐全
galo sama	加工	加工
ta hpaji	手艺	手艺

续表

景颇语	普通话	粤语
hpaga dap	公司	公司
kung jan	高超	高超
lata	选择；挑剔	拣；惓尖
tsit	绿色	绿色

玉石小知识 Lungseng yu hpaji

德宏州景颇族居住的地区与缅甸北部的克钦邦接壤。克钦邦的帕敢地区以产玉石闻名。翡翠主要产自缅甸，缅甸玉又称为翡翠玉。德宏州的一些边境城镇玉石贸易繁荣，如瑞丽的玉石街、芒市的珠宝小镇、盈江的翡翠城等。有的地方还有翡翠"石头"贸易，行内称为"赌石"。不过"赌石"风险较高，不懂行的非专业玉石人士要格外小心，不可轻易尝试。

缅甸玉的颜色有白色、红色、绿色、黑色、黄色和紫色。鉴别玉石，一是看色泽。玉石颜色多样，即使同一种玉，它的不同部位的纹理色泽各有千秋。单色的玉，要挑色度均匀的，在同一块玉石上有深浅色的，则要求色调纹路自然美观。二是看质地。以纯净、光润、晶莹为好，脏杂斑点次之；玉石上往往有绺，即深浅长短不一的断裂纹，这是残次品。三看做工。玉石要经钻石或金刚砂琢磨，做工粗糙会使玉石表面有磨擦痕迹，失去光泽，做工精细的玉则是规矩而有光泽。金银首饰上镶嵌的玉石，还要看是否牢固、周正和搭配协调。

二十、上学
JONG SA

学句子 Ga yan sharin

01 Anhte gahtong ko jong gaji langai nga ai.

我们寨子有一所小学。

我哋个寨有一间小学。

02 Ngai na ma masum jong lung nna lit grai li ai.

我有3个孩子都在上学，负担很重。

我3个仔女都读紧书，负担好重。

03 Bum ko na ma ni jong sa yang grai tsan ai.

住在山上的孩子上学很远。

住喺山上嘅细路翻学好远。

04 Ma ni jong lung ai hpang myit grai su mat sai.

小孩上学以后很懂事。

细路翻学之后好生性。

05 Shi a jong na shaga mying go Lahpai No San nga ma ai.

他的学名叫勒排诺散。

佢嘅学名叫勒排诺散。

06 Shaning shagu na shata jahku pro langai ya shani go jong hpo ten re.

每年的9月1日是开学的时候。

每年嘅9月1号系开学嘅时候。

07 Hkunmyin de jong wa lung ai Jinghpo ma ni shong de na hta lo wa sai.

在昆明读书的景颇学生比以前多了。

喺昆明读书嘅景颇学生多过以前。

08 Dakgasu lung ai jongma ni hpe asuya ni garum la ma ai.

政府资助大学生。

政府资助大学生。

09 Kun dinghku ruyak ai majo, jong n lu lung ai ma ni grai lo ai.

因为家庭困难，读不起书的人很多。

因为家庭困难，读唔起书嘅人好多。

10 Jahpot shanang hkying kru ko rot nna jong de sa ai.

每天6点起床去学校。

每日6点起身去学校。

11 Ya go jong ko yup shara nga ai hkrai rai sai.

现在学校都有住宿的地方了。

而家学校都有住宿嘅地方喇。

12 Ya na jongma hte shong de na jongma ni n bung mat sai.

现在的学生和以前的不同了。

而家嘅学生唔同以前。

13 Ngai daining dakgasu jong wa lung sai.

我今年读大学了。

我今年读大学喇。

14 Nang dakgasu jong gara ko lung ai rai?

你在哪里上大学?

你喺边度读大学?

15 Ngai Kongju ko dakgasu jong lung ai re.

我在广州上大学。

我喺广州读大学。

16 Nang gara jong ko lung ai rai?

你在哪所学校上学?

你喺边间学校翻学?

17 Sara ni hpuhtung ga hte laika sharin ai.

老师用普通话上课。

老师用普通话上堂。

18 Jong lung sai, jong lung dingsi ngoi sai.

上课了，铃声响了。

上堂喇，响铃喇。

19 Jong galoi dat ai kun?

学校什么时候放假？

学校几时放假？

20 Sanpoi san ngut ai hte dat sai nga re ai.

听说考完试就放了。

听讲考完试就放喇。

21 Ngai laning mi bai rai jang jong pru sai.

我还有一年就毕业了。

我仲有一年就毕业喇。

22 Jong lung sai atsom madat mu, ga hkum shaga masa!

上课了好好听讲，不要说话了！

上咗堂就好好噉听讲，唔好讲嘢喇！

23 Shong de jong gaji ko Jinghpo laika sharin ya ai, ya go n sharin mat sai.

小学以前有景颇语课程，现在没有了。

小学以前有景颇语课程，而家冇咗。

24 Ya na ma ni Jinghpo ga n chye ga ai grai lo ma ai.

现在的孩子有很多都不会说景颇语了。

而家嘅细路有好多都唔识讲景颇语喇。

学单词 Ga hko sharin

景颇语	普通话	粤语
jong	学校	学校
jong lung	上学	翻学
jong yu	放学	放学
jong hprong	逃学	逃学
hpang hkrat	迟到	迟到
jongma	学生	学生
jongma manang	同学	同学
sara	老师（男）	老师（男）
sara ma	老师（女）	老师（女）
jong gaji	小学	小学
jong gaba / dakgasu	大学	大学
jong lung jahpu	学费	学费
jongma lahkon	招生	招生
hpaji masha	人才	人才
jong up	校长	校长
n bung	不同	唔同
galo	做	做
nnan	新的	新嘅
shaga	说话	讲嘢
shaloi / aten	时候	时候

二十一、学艺
TA HPAJI SHARIN

学句子 Ga yan sharin

01 Ngai ta hpaji lama mi sharin la nna gumhpro tam mayu ai.

我想学一门手艺挣钱。

我想学一门手艺赚钱。

02 Hpa sharin tim bukgalui a nba da hku n mai galo ai.

学东西不能像猫头鹰织毯子。

学嘢唔能够好似猫头鹰织毛毡。

03 Ngai na ganau la sha ta hpaji sharin sa wa sai.

我弟弟学手艺去了。

我细佬去咗学手艺。

04 Ta hpaji bo mi chye yang gara de sa tim hpa n tsang ra ai.

有一门手艺，去哪里都不用担心。

有门手艺，去边度都唔使担心。

05 Ta hpaji sharin yang, sara gaja n lu jang grai yak ai.

学手艺没有好师傅会很难。

学手艺冇好师傅会好难。

06 **Ta hpaji ndai grai loi ai.**

这门手艺很简单。

呢门手艺好简单。

07 **Nhkum Gam shat simai grai chye galo ai.**

恩空干的烹调技术很好。

恩空干嘅烹调技术好好。

08 **Shat simai galo hpaji kung ai sara gaba ni hpe grai ra ma ai.**

厨艺精通的大厨特别吃香。

厨艺精通嘅大厨特别抢手。

09 **Ta hpaji sharin yang n mai tin ai, puba lu hkam sharang ra ai.**

学手艺要有耐心，要肯吃苦。

学手艺要有耐性，要肯捱苦。

10 **Hpaji chye, bonu kam shamot re masha go, gumhpro tam yang grai loi ai.**

懂技术、勤动脑的人，很容易挣钱。

识技术、勤动脑嘅人，好易揾钱。

11 **Modo gram sharin tim grai gaja ai.**

学修车也很好。

学修车都好好。

⑫ Brang Tong kara do sharin la nna, kara do seng langai hpo nu ai.

邦东学理发之后，开了一个理发店。

邦东学咗飞发之后，开咗间飞发铺。

⑬ Ya yang hpa galo tim hpaji chye ra ai.

现在做什么都要有技术。

而家做乜都要有技术。

⑭ Shinggan de bungli galo hkom yang hpaji lu sharin la jang go gaja ai.

在外面打工要学到技术就好。

喺出便打工要学到技术。

⑮ Ndai prat hpaji chye ra ai.

当今社会（人人）要有点文化知识。

当今社会（人人）都要有啲文化知识。

⑯ Tinang ra sharong ai bungli galo yang she myit pyo ai.

做自己喜欢的工作才开心。

做自己中意嘅工作先开心。

⑰ Nang hpa bo sharin hkyem ai rai?

你准备学点什么？

你准备学啲乜？

18 **Nang yahte hpa bo sharin nga ai rai?**

你最近在学什么？

你最近学紧乜嘢？

19 **Hpa bungli mung n kam galo ai.**

什么事都不想做。

乜事都唔想做。

20 **Bungli no tam galo ra sai.**

要找点事情做了。

要搵啲嘢做喇。

21 **Ta hpaji myu mi sharin yang, gade na ra ai kun?**

学一门手艺要多久？

学一门手艺要几耐？

22 **Shi modo chye got nna, rai garot sha ai.**

他会开车，专门做运输。

佢识揸车，专门做运输。

23 **Hpun shachyo hpaji chye ai ni ganang du tim kosi n hkrum ai.**

木工走到哪里都有饭吃。

斗木佬行到边度都有饭食。

学单词 Ga hko sharin

景颇语	普通话	粤语
hpaji sharin	学技术	学技术
hpaji	知识，技术	知识，技术
shat simai galo	烹调	烹调
ganau	弟弟，妹妹	细佬，细妹
hpa bo	什么	乜嘢
ta hpaji	手艺	手艺
tok krok hpaji	雕刻技术	雕刻技术
loi	简单	简单
gumhpro tam	挣钱	赚钱
lo malong	大部分	大部分
bungli galo	干活	做嘢
kara do	理发	飞发
kara do seng	理发店	飞发铺
kara hkrang	发型	发型
buga	家乡	家乡
shinggan de	外面	外便
hkyem	准备	准备
shakut sharang	坚持努力	坚持努力
nnan sharin	初学	初学
gogap	建筑	建筑

二十二、种植
HKAI LU HKAI SHA LAM

学句子 Ga yan sharin

01 **Anhte ndai shara hta madung go kumshu hkai sha ai.**

我们这里主要种植甘蔗。

我哋呢度主要种蔗。

02 **Kumshu hkai yang nau ba la ai hta n-ga, gumhpro mung n mu tam ai.**

种植甘蔗很辛苦，且不挣钱。

种蔗好辛苦，而且唔赚钱。

03 **Malut hkai yang kumshu hkai ai hta grau jo ai.**

种烟草比种甘蔗好。

种烟草好过种蔗。

04 **Jumdui rung ndai hpo ai shi chyan ning du wa sai.**

这个糖厂开了十几年了。

呢个糖厂开咗十几年喇。

05 Anhte nta go ga-hpri hte kumshu hkai nna gumhpro tam ai.

我家主要经济来源靠咖啡和甘蔗。

我哋屋企嘅主要经济来源靠咖啡同埋蔗。

06 Ga-hpri hkai yang hpaji chye ra ai, grai gon yak ai.

种咖啡豆需要技术，很难打理。

种咖啡豆需要技术，好难打理。

07 Ga-hpri hkai yang laning mi hta namhpun lahkong lang bang ya ra ai .

咖啡豆一年要施两次肥。

咖啡豆一年要壅两次肥。

08 Ya yang ga-hpri manu hkrat mat sai.

现在咖啡豆都跌价了。

而家咖啡豆都跌价喇。

09 Ngai ga-hpri hpun nambat langai lang mu yu ai.

我第一次见到咖啡树。

我第一次见到咖啡树。

10 Gyen-go hpun mi na gyen-go si go gumhpro masum tsa daram lu dut la ai.

一棵坚果树的坚果可卖300元左右。

一篼坚果树嘅坚果可以卖300蚊左右。

11 **Ndai ko gyen-go si galo sama rung gade nga ai rai?**

这里有几个坚果加工厂？

呢度有几个坚果加工厂？

12 **Gyen-go si grai mu ai, dut sha yang grai hpu ai.**

坚果很好吃，销售价也很贵。

坚果好好食，卖嘅价钱都好贵。

13 **Layang hpun go matsat jahku ning hpang e she ngau tai ai.**

西南桦要八九年才能成材。

西南桦要八九年先可以成材。

14 **Jinghpo ni lo malo lauban ni hpe bum yi hkam ya nna layang hpun hkai kau ai.**

很多景颇家庭的山地都承包给老板种西南桦了。

好多景颇人嘅山地都承包咗畀老细种西南桦喇。

15 **Nanhte nta na hpa-lap di ma sai i?**

你们家的茶叶采完了吗？

你哋屋企嘅茶叶择晒未啊？

16 **Sun ko simai grai lo hkra hkai ton sai.**

园子里种了很多蔬菜。

菜园度种咗好多菜。

17 **Sam amyu ni mam hte naikrin hkai ai grai lo ma ai.**

傣族种水稻和马铃薯的较多。

傣族种禾同薯仔嘅比较多。

18 Daining nau hkunhkro nna, nsi naisi hpa mung nau n lu la ai.

今年干旱，什么收成都不好。

今年干旱，样样收成都唔好。

19 Nu wang e nampan grai hkai ton nu ai.

妈妈在院子种了很多花。

阿妈喺个院度种咗好多花。

20 Mangshi lam lahkong maga de namsi hpun hkai ton shajang ma ai.

芒市的街道两边都种满了果树。

芒市啲街两边都种满晒果树。

21 Modo ko kumshu hpai bang yang grai ba ai.

把甘蔗抬到车上很累。

抬啲蔗上车好攰。

22 Anhte a sun ko nai grai hkai ton ai.

我们家园子里种着许多芋头。

我哋屋企个菜园种咗好多芋头。

23 Duila go hkauna ko amyu myu re simai grai kam hkai ai.

外公喜欢在田里栽种各种菜。

阿公中意喺田度种各种菜。

学单词 Ga hko sharin

景颇语	普通话	粤语
mam	水稻	禾
sutgan	经济，钱财	经济，钱财
namsi hpun	果树	果树
ga-hpri si	咖啡豆	咖啡豆
ga-hpri hpun	咖啡树	咖啡树
gyen-go si	坚果	坚果
malut	烟草	烟草
naikrin	洋芋	薯仔
nai	芋头	芋头
hkainu	玉米	粟米
layang hpun	西南桦	西南桦
hkai lu hkai sha	种植	种
mam dan	割谷子	割禾
mam hkai	插秧	插秧
namhpun	肥料	肥料
hkunhkro	干旱	干旱
bum yi	山地	山地
sun	园子	菜园
shamat; gabai/hkrat	丢；掉	抌；跌
ton	摆；放	摆；放

农耕文化 Hkai nmai lam

景颇人一般居住在海拔1500—2000米的亚热带山区，也有部分住在山地的坝区。过去，刀耕火种是主要的农作方式，有时也会狩猎。如今，国家实行了新的土地政策，为改变依赖原始农耕生产方式的状况，当地人民政府鼓励人们开发水田，扶持发展经济作物，并取得了显著成效。现在住在山上的景颇人主要种植玉米、草果、核桃、坚果等，住坝区的主要种植甘蔗、水稻、咖啡、蔬菜，家里也会养猪、鸡或黄牛。

二十三、养殖
REM LU REM SHA LAM

学句子 Ga yan sharin

01 **Ndai lahkong masum ning hta Jinghpo nta lo malo ni lai ganu rem ma ai.**

这几年很多景颇家庭都在养蚕。

呢几年好多景颇人都𠯿度养蚕。

02 **Wa mung yo, hkai nmai mung hkai rai nna grai ba ai.**

猪也养，地也种，所以很累。

又养猪，又种地，所以好𡚸。

03 **Hkaipyek ndai hpung go lahkong tsa e kru shi du ai.**

这群鸭有260只。

呢群鸭有260只。

04 **Nga rem yang go shani shanang tsing dan jo ra ai.**

养鱼每天都要割草喂鱼。

养鱼每日都要割草喂鱼。

05 Hkaimu gahtong ko wa yo yang nam wa-shat sha yo ai.

农村养猪都是喂猪草。

农村养猪都系喂猪草。

06 Daining na wa shan manu n laja ai.

今年的猪肉价格不高。

今年嘅猪肉价格唔高。

07 Wa yo yang gumhpro n mu tam ai.

养猪不赚钱。

养猪唔赚钱。

08 Shi shani shagu nga shat sa jo jo rai ai.

他每天都去喂鱼。

佢每日都去喂鱼。

09 Nta ko u loi yo yang, udi dingyang mu sha ai.

家里养几只鸡，经常有蛋吃。

屋企养几只鸡，成日有蛋食。

10 Nanhte nta na u gara hku dut ai rai?

你们家的鸡怎么卖？

你哋屋企啲鸡点卖？

11 Shi hka kau de hkaipyek dat sa sai.

她去河边放鸭子了。

佢去咗河边放鸭。

12 Hkaipyek rem yang nau n ba ra ai.

养鸭子不用太辛苦。

养鸭唔使太辛苦。

13 Ndai bum ko kum la nna, bainam hte nga rem yang mai ai.

这片山地围起来，可以养些牛羊。

呢片山地围起身，可以养啲牛羊。

14 Nga sa rem shagu nga hkrai jon to to rai ai.

每次去放牛都骑着牛。

次次去放牛都骑住牛。

15 Daini bainam sa rem yang bainam langai shamat kau sai.

今天放羊丢了一只羊。

今日放羊唔见咗一只羊。

16 Nga rem rung go loi tso loi hkunhkro ai shara ko gogap ra ai.

养牛场应建立在地势较高、较为干燥的地方。

牛栏应该起喺地势高啲、干啲嘅地方。

17 Shong de Jinghpo ni lo malo nta ko gatnen rem sha ma ai.

过去有很多景颇家庭在家里养蜜蜂。

以前有好多景颇人喺屋企养蜂。

18 Nga rem yang arang nau n tso ai.

养牛成本不高。

养牛成本唔高。

19 Gui langai mi rem mayu ai.

想养一条狗。

想养一只狗。

20 Myu na ni nyau rem ai mung grai lo ai.

城里人养猫的也很多。

城市人养猫嘅都好多。

21 Wa rem ai shara ko nyau n mai rem ai.

养猪的地方不能养猫。

养猪嘅地方唔可以养猫。

22 Jidui nam u grai kam rem ai.

爷爷喜欢养鸟。

阿爷中意养雀。

23 Ma-ni nta na nga ganu gasha woi sai.

前几日，家里的牛产崽了。

前几日，屋企嘅牛生咗仔。

24 Lagat rem na shong e lagat a nga pra laikyang ni shong chye ton ra ai.

养蜂之前要先了解它们的生活习性。

养蜂之前要先了解佢哋嘅生活习性。

学单词 Ga hko sharin

景颇语	普通话	粤语
hkaimu gahtong	农村	农村
rem lu rem sha	养殖	养
bainam	羊	羊
gui	狗	狗
hkaipyek	鸭子	鸭
shangma	鹅	鹅
nyau	猫	猫
wa hpro	白猪	白猪
chyang	黑	黑
waloi	水牛	水牛
dumsu	黄牛	黄牛
nga rem	放牛	放牛
gumra	马	马
brangtai	兔子	兔仔
chyahkyon	狼	狼
rem	养，放	养，放
shani shagu	每天	每日
hpum	肥	肥
wa-shat	猪食	猪潲
gatnen	蜜蜂	蜜蜂

二十四、事物
MU LAM HTE RUNGRAI

学句子 Ga yan sharin

01 Yahte zuphpong grai lo la ai.

最近会议特别多。

呢排会议特别多。

02 Zuphpong hpo hpang saga.

开始开会了。

开始开会喇。

03 Bum gara hku garan na rai? Mare ko zuphpong hpong nna bongban ra ai.

山林怎么分？村里要开会讨论。

山林点分？村入边要开会讨论。

04 Anhte rung ni shata shagu mare nhton de matsan shatong mu sa galo ra ai.

我们单位每个月要下乡扶贫。

我哋单位个个月都要下乡扶贫。

05 Yi ndai ngai hkun ning shap galo sai.

这片地我租种20年了。

呢笪地我租咗嚟种20年喇。

06 Ka-ni Aizi ana hpang maja na go mare nhton ganbu ni na lit madung nan rai nga ai.

禁毒防艾是乡村干部的主要工作。

禁毒防艾系乡村干部嘅主要工作。

07 Hpotni anhte Hongkong na du wa ai hpaga masha ni hpe hkap tau ra ai.

明天我们要接待来自香港的企业家。

听日我哋要接待嚟自香港嘅企业家。

08 Ginwang ko gaja ai jashon hpaga lam i nga ai rai?

县里有没有好的招商引资项目？

县里便有冇好嘅招商引资项目？

09 Daini anhte hpung na jongma ni hkrumzup poi galo ga ai.

今天我们举办了班级聚会。

今日我哋举办咗班级聚会。

10 Shi a daido poi hta ngai hpe so shaga ai.

他邀请我参加生日聚会。

佢邀请我参加生日聚会。

11 Jong na ni shaning shagu na shata kru hta jong pru ai jongma ni hpe jong pru poi galo ya ai.

学校每年6月份为毕业生举办毕业典礼。

学校每年6月份同毕业生举办毕业典礼。

12 Go-nyen poi hta anhte nta na masha yong jom hkrum zup ga ai.

过年我们一家人聚集在一起。

过年我哋一家人聚埋一齐。

13 Mu ndai nang hpe ap sai, gaga ni hpe ap yang myit hta ai htep n nga ai.

这件事就交给你了，给别人我不放心。

呢件事就交畀你喇，畀第个我唔放心。

14 Grai gajong kau sai, myiyet hkalap shinggan ko masha langai tsap nga ai.

太吓人了！刚刚窗外站着一个人。

好得人惊！啱啱个窗出便企住一个人。

15 Asuya rung masha ni sa san gawan ma ai.

政府人员来访问。

政府人员嚟访问。

16 Nang saboi na yuhpan i mu ai rai?

你有看见桌子上的U盘吗？

你有冇睇到台面上嘅U盘啊？

17 Daini go jong na shaman ginsup poi re.

今天是学校运动会。

今日系学校运动会。

18 Ngai gahkan shingjong na hku jahpan bang da sai.

我报名参加了跳远。

我报咗名参加跳远。

19 Jonggok na matsun saboi ko nyau langai hpum nga ai.

教室的讲台上趴着一只猫。

课室嘅讲台上便趴住一只猫。

20 Amu ndai mau hpa re, nang shi hpe hkum hkro ya.

这件事情很奇怪，你别答应他。

呢单嘢好奇怪，你咪应承佢。

21 Hkalap grang na palamla pyen mat sai.

窗帘上的蝴蝶飞走了。

窗帘上便嘅蝴蝶飞走咗。

22 Nta numgo ko pyilan tsip galo nga ai.

房梁上有燕子在搭窝。

屋梁上便有燕子喺度做窦。

学单词 Ga hko sharin

景颇语	普通话	粤语
zuphpong	会议	会议
hpung	组织	组织
hpung	班级	班级
jongma ni jom zup	同学聚会	同学聚会
daido poi galo	生日聚会	生日聚会
hkalum poi	庆典	庆典
jong hpo	开学	开学
jong pru jongma	毕业生	毕业生
pyo/a	热闹	圩冚
san gawan	访问	访问
so shaga	邀请	邀请
jongma nnan	新生	新生
hkan lom	参加	参加
shat jom sha	聚餐	聚餐
hkap tau	接待	接待
shaning nnan	元旦	元旦
manang	朋友	朋友
jahkrum	拜访	拜访
ma ai	陈述句句尾词	
mat	丢；丢失	唔见咗

刀术 Nhtu hkyen

刀术是景颇族的民间传统体育项目之一。景颇男子以佩戴长刀为美，景颇语“Ri nhtu”意思是“生命刀”。长刀不仅是男人的一种装饰，也是必备的生产工具，还是送朋友的一种贵重礼物。当男孩出生后，外公外婆首先要送一把长刀。

景颇族刀术的刀法和步法有单刀、双刀、三刀半、十字跳、五步跳、七步跳和三步砍豹等。动作主要是模仿生产劳动中的收、种、砍等动作，步法轻盈，粗犷刚健，变化多姿，体现了人们当时的劳动场景。

二十五、喝酒
TSA LU

学句子 Ga yan sharin

01 **Anhte Jinghpo ni tsa grai chye lu ai.**

我们景颇族很会喝酒。

我哋景颇族好识饮酒。

02 **Shanhte nong e tsa rau jom lu ma ai.**

他们经常在一起喝酒。

佢哋成日喺埋一齐饮酒。

03 **Tsa ndai mu ai, tinang shadu ai re.**

这酒好喝，是自家酿的。

呢只酒好饮，系自己屋企酿嘅。

04 **Masha ndai jahpot rot ai hte tsa lu lu rai ai.**

这个人每天起来第一件事就是喝酒。

呢个人每日起身第一件事就系饮酒。

05 **Ru sing gachyi mi galo dat ga!**

做点下酒菜吧！

煮啲菜送酒啦！

06 Shaning shagu tsa lu hkom nna gumhpro grai ma ai.

每年喝酒送礼都花了不少钱。

年年饮酒送礼都用咗唔少钱。

07 Myu de tsa sa lu na hkyem ai.

准备去城里喝喜酒。

准备入城饮喜酒。

08 Nta shagu tsa chye shadu ai.

家家都会煮酒。

个个屋企都会煮酒。

09 Hkainu tsa go kumshu tsa hta grau mu ai.

苞谷酒比甘蔗酒好喝。

粟米酒好饮过蔗酒。

10 Tsa sa shaman jo su!

去敬酒吧！

去敬酒啦！

11 Tsa nau lu shalo nna hkum n pyo ai.

酒喝多了身体不舒服。

酒饮多咗身体唔舒服。

12 Tsa pong lahkong mari nna dingla wa hpe sa sa ya su.

给老人买两瓶酒送去。

同老人家买两樽酒送过去。

13 Shi tsa mung lu, malut mung lu ai.

他既喝酒又抽烟。

佢又饮酒又食烟。

14 An tsa jom lu dat ga.

我敬你一杯。

我敬你一杯。

15 Hkau, an tsa ndai jom lu kau ga.

老表，我们一起把这杯酒干了。

老表，我哋饮胜。

16 Ngai nang hpe tsa jat ya de.

我给你把酒加满。

我同你加满啲酒。

17 Tsa lu yang shaga pyo ai.

喝酒好讲话。

饮咗酒好讲说话。

18 Shanhte ndai de na ni tsa grai kam lu ma ai.

他们这边的人比较爱喝酒。

佢哋呢边嘅人比较中意饮酒。

19 Tsa lu sai rai yang modo hkum got, modo got na rai yang tsa hkum lu.

喝酒不开车，开车不喝酒。

饮酒唔揸车，揸车唔饮酒。

20 Tsa lu yang sharam chye ra ai.

喝酒要适可而止。

饮酒要适可而止。

21 Lau sa wa rit tsa jom lu ga!

快来一起喝酒!

快啲嚟一齐饮酒!

22 Ngai tsi sha kau sai, n lu sai, nanhte lu mu.

我吃了药就不喝了，你们喝吧。

我食咗药就唔饮喇，你哋饮啦。

学单词 Ga hko sharin

景颇语	普通话	粤语
tsa	酒	酒
tsa lu	喝酒	饮酒
hkainu tsa	苞谷酒	粟米酒
hpagang	水酒	水酒
rujap	白酒	白酒
tsa-pa	甜酒	甜酒
tsabyi tsa	葡萄酒	提子酒
tsa dun	酿酒	酿酒
kumshu tsa	甘蔗酒	蔗酒
tsa hkri	酸水酒	酸水酒

续表

景颇语	普通话	粤语
ga lo	话多	多嘢讲
malut lu	抽烟	食烟
shanhkro	干巴	牛肉干
rusing / tsa mai	下酒菜	送酒菜
shatkan sai pru	胃出血	胃出血
tsa gom	酒杯	酒杯
tsa lu shadang	酒量	酒量
tsamai	酒筒	酒筒
tsa-ya	酒鬼	酒鬼
de	祈使句句尾词	

饮酒习俗 Tsa lu lam

到景颇族家里做客或在路上遇到景颇族，他们常常会从筒帕（挎包）中掏出小酒筒、烟盒递给客人。客人若不抽烟、不喝酒，可以礼貌谢绝。主人递的烟酒，客人应双手来接。熟人之间敬酒，不是接过酒就喝，而应先倒回一点给对方的酒筒里，然后再喝，表示尊重对方好意。几个人一同到景颇族人家，主人一般不亲自一一敬酒，而是把酒筒交给看上去年纪大一点的人，表示对年长者的信任。喝酒时应斟到筒盖里再喝，不能直接拿着酒筒就喝。

二十六、来客
MANAM DU

学句子 Ga yan sharin

01 Manam du sai.

来客人了。

有客到。

02 N hkrum ai grai na sai, hkamja nga nni?

好久不见了，近来可好？

好耐冇见喇，呢排几好嘛？

03 Anhte Jinghpo ni manam grai ra ai.

我们景颇族很好客。

我哋景颇族好好客。

04 Anhte a Ma No na jongma manang du sai.

我家麻诺（老二）的同学来了。

我嘅麻诺（老二）嘅同学嚟咗。

05 Nang ndai de sa nga yang i man ai rai?

你来这里习惯吗？

你嚟呢度习唔习惯？

06 **Shanhte nta ni bainam sat rai Begyin nna du ai manam ni hpe hkap tau ma ai.**

他家杀羊招待北京来的客人。

佢屋企劏羊招呼北京嚟嘅人客。

07 **Nang galo ai shatmai grai mu nga ai.**

你做的菜很好吃。

你煮嘅餸好好食。

08 **Sakhkung de sa du chyai marit.**

欢迎你们到德宏来。

欢迎你哋嚟到德宏。

09 **Tsa loi no lu dat ga.**

再喝点酒吧。

再饮啲酒啦。

10 **Nanhte nau hkungga la ai.**

你们太客气了。

你哋太客气喇。

11 **Ndai ko sa nna nanhte hpe shayak sai.**

来这里给你们添麻烦了。

嚟呢度打搅你哋喇。

12 **Lahkong masum ya no nga chyai nna wa u le.**

多玩两三天再走吧！

玩多两三日再走啦！

13 **Nanhte hkap tau ai majo grai chyeju dum sai.**

非常感谢你们的招待。

好多谢你哋嘅招呼。

14 **Gade nna yang nang hpe bai sa jahkrum na.**

过段时间再来看你。

过段时间再嚟睇你。

15 **Gara ko nna du sa wa ai rai?**

从哪里过来的?

由边度过嚟嘿?

16 **Hpa bo sa galo na rai?**

要去干什么?

要去做乜?

17 **Nang du sa ai majo grai gabu sai.**

你能到来我很高兴。

我好开心你可以嚟。

18 **Shinggan ko gashung ai, lau wa shang dung rit.**

外面冷，快进来坐。

出便冻，快啲入嚟坐。

19 **Hpa-lap lu nna ta shalum la su.**

喝杯茶，暖暖手。

饮杯茶，暖下手。

20 Bungli loi no ra ai, shong hkom sana.

还有点事情，先回去了。

仲有啲事，翻去先喇。

21 Daini anhte a nta ko manam nga ai.

今天我家里有客人。

今日我屋企有人客。

22 Nta ko manam du jang duila grai gabu ai.

家里一来客人，外公就很高兴。

屋企一有客到，阿公就好开心。

学单词 Ga hko sharin

景颇语	普通话	粤语
manam	客人	人客
hkungga	尊敬	尊敬
hkungga la-ra lai	礼貌	礼貌
dinghpring	真诚	真诚
gabu	高兴	开心
ako alo	热情	热情
kumhpa	礼品	礼品
nta madu	主人	主人
sa gawan	探望	探
do	招待	招呼
hkap la	接受	接受

续表

景颇语	普通话	粤语
yahte	最近	呢排，最近
mu hkrum	见面	见面
mu	看见	睇见
bai hkrum ga	再见	再见
manam sa	送客	送客
n hkungga kau	失礼	失礼
shut shai	错误	错误
ta hpat	打招呼	打招呼
marit	祈使句句尾词	

宴客食俗 Manam jau

景颇族宴客有一种习俗，客人到来后休息片刻，便有身着盛装的中年妇女出来送“礼篮”。篮子用藤篾编织，里面装有一对竹筒水酒、一罐米酒、两包熟鸡蛋、两包糯米饭团以及竹筒烧肉和竹筒烧鱼等。这些物品有着不同的意义，比如白酒代表“女”，米酒代表“男”，糯米饭代表“亲密结合，亲如一家”，鸡蛋代表“圆满”。

每种食材都会用芭蕉叶包起来，最后用竹篾捆起来。礼篮里的食物和物品的包裹、捆绑方法也相当讲究，比如定量使用芭蕉叶、芭蕉叶包的方向会有所不同等，体现了景颇族人热情好客、真诚待人、用心做事的美好品质。

二十七、打笋
MAKRU DO

学句子 Ga yan sharin

01 Makru wa do ga!

去打笋子吧！

去打笋啰！

02 Lani mi makru gade lu do ai rai?

一天能打多少笋子？

一日打到几多笋？

03 Makru do yang grai ba ai.

打笋子很累。

打笋好攰。

04 Nanhte nta ni do ai makru grai lo nga ai le!

你们家打了好多笋子啊！

你哋屋企打咗好多笋啊！

05 Makru do ai masha nau lo nna, kawa wa-hpang yom wa sai.

打笋的人太多了，竹子变少了。

打笋嘅人太多喇，啲竹变少咗。

06 Ngai mung makru chye do ai .

我也会打笋子。

我都识打笋。

07 Ngai duila hte nong e bum de makru wa do ga ai.

我经常和外公去山上打笋。

我成日同阿公上山打笋。

08 Makru do yang go achye la ai re ni? N rai yang go gahtam la ai re ni?

打笋是挖还是砍啊?

打笋系挖定系斩啊?

09 Ndai de na makru hpan hpa bo nga ai rai?

这里的笋子有哪些品种?

呢度嘅笋有边啲品种?

10 Maichyu grai nga ai.

有很多金竹。

有好多金竹。

11 Shinggan de na ni ndai ko wa hkyot la ma ai.

外面的人来这里收购。

外面嘅人嚟呢度收购。

12 Makru chyahkro go manu grau tso ai.

干笋子价格更贵。

笋干价格仲贵。

13 Makru hpe gaprong la nna makru chyahkro galo ai.

把笋子煮一下，做干笋子。

煮下啲笋，做笋干。

14 Tinang sha na makru do jang rai sai.

打一点自家吃的笋子就可以了。

打一啲自己屋企食嘅笋就得喇。

15 Ngai makru grai ra sha ai.

我很喜欢吃笋子。

我好中意食笋。

16 Makru hpe shadu jahkut la nna mai gayau sha ai.

把笋子煮一下可以做凉拌。

煮下啲笋就可以做凉拌。

17 Ura makru go grai gaba ai.

楠竹笋很大。

楠竹笋好大。

18 Nang hkri ai mahkri grai mu nga ai, ngai hpe gachyi mi jo rit.

你做的酸笋很好吃，给我一点吧。

你整嘅酸笋好好食，畀啲我啦。

19 Makru do ai mung hpaji myu mi re.

打笋是一项技术活。

打笋系要有啲技术嘿。

20 Makru ayan do yang tu hkrung htingwan hpe wa-hkye hkra chye ai.

经常打笋对生态不好。

成日打笋对生态唔好。

21 Bum de makru wa do yang ladat chye ra ai.

上山打笋得用巧劲。

上山打笋要识借力。

22 Jidui kawa yi de shang wa nna makru tam do hkom nga ai.

爷爷正钻进竹林寻找竹笋。

阿爷钻咗入竹林揾竹笋。

学单词 Ga hko sharin

景颇语	普通话	粤语
makru	笋子	笋
mahkri	酸笋	酸笋
makru chyahkro	干笋	笋干
maichyu	金竹	金竹
ura kawa	楠竹	楠竹
kawa	竹子	竹
lam jahkro	晒干	晒干
tinang	自己	自己

续表

景颇语	普通话	粤语
gahtam	砍	斩
mot	切	切
mayoi	削	剃
krok; chye	挖	挖
bo; yen	剥	剥
gala	劈开	劈开
gang je	撕开	撕开
gayen hpo	翻开	翻开
ari	甩开	掮开
lawan	快	快
shadu	煮	煮
gayau	凉拌	凉拌

二十八、采菌
MATI TAM

学句子 Ga yan sharin

01 Yinam ta go mati tam ten re.

雨季正是采菌子的时候。

雨季啱好系采蘑菇嘅时候。

02 Mu gung sai, mati tu na sai.

打雷了，应该长菌子了。

行雷喇，应该生蘑菇喇。

03 Maling de mati sa tam ga.

去森林里找菌子吧。

去森林度搵蘑菇啦。

04 Mati sa tam yang dusat hpe sadi ra ai.

找菌子的时候要小心野兽。

搵蘑菇嘅时候要小心野兽。

05 Nang mati amyu myu hpe chye a dong?

你认识很多菌子吧？

你识好多蘑菇咩？

06 Gara ni mai sha ai, gara ni n mai sha ai, ngai yong chye ai.

哪些能吃，哪些不能吃，我都知道。

边啲食得，边啲唔食得，我都知。

07 Mati grai tam yak ai, nang hpa rai grai lu tam a ta!

菌子很难找，你怎么找到那么多菌子啊！

蘑菇好难揾，你点揾到咁多蘑菇嘅！

08 Mati tam yang grai jau rot ra ai.

找菌子要起很早。

揾蘑菇要好早起身。

09 Sak gaba ai ni gara ko mati tu n tu chye ma ai.

老人知道哪里长不长菌子。

老人家知道边度生蘑菇边度唔生。

10 Shara n bung jang, mati tu ai ten mung n bung ai.

不同的地方，出菌子的时间不同。

唔同嘅地方，生蘑菇嘅时间唔同。

11 Mati nkau kau grai tsom ai, raitim chye nang ai.

有的菌子很好看，但是有毒。

有啲蘑菇样好睇，但系有毒。

12 Nanhte ndai ko hpa bo mati tu ai rai?

你们这里长些什么菌子？

你哋呢度生啲乜嘢蘑菇？

13 **Grai lo ai, ti chyang, ukan mati, nga-chyu mati, myu shi chyan nga ai.**

很多，青鸡枞菌、牛肝菌、奶浆菌，起码几十种。

好多，青鸡枞菌、牛肝菌、奶浆菌，起码几十种。

14 **Mati tu aten matsing ra ai, nkau kau go lahkong masum ya sha shai hkat ai.**

要记住出菌子的日子，有的就差几天。

要记住生蘑菇嘅日子，有啲就差几日。

15 **Ya yang masha hkai ai mati mung nga sai.**

现在也有人工培植菌子。

而家都有人工培植蘑菇。

16 **Makrat go mati daram n dut pyo ai.**

木耳没有菌子好卖。

木耳冇蘑菇咁好卖。

17 **Mati hpaga galo ai masha grai lo ai.**

做菌子生意的人很多。

做蘑菇生意嘅人好多。

18 **Mati hpe shadu sha tim grai mu ai.**

菌子煮着吃也很好吃。

蘑菇煮嚟食都好好食。

19 Shat seng lauban ni mati grai kam mari ma ai.

饭店老板喜欢买菌子。

餐馆老细中意买蘑菇。

20 Gat ko masha ni mati chye sa dut ai.

有人会去街里卖菌子。

有人会出街卖蘑菇。

21 Mati hpe shadu hkut gangau hkut nna sha ra ai.

菌子一定要煮熟炒透了再吃。

蘑菇一定要煮熟炒透咗再食。

22 Madu n chye ai mati n mai bo ai.

不要采自己不熟悉的菌子。

唔好摘自己唔熟悉嘅蘑菇。

学单词 Ga hko sharin

景颇语	普通话	粤语
mati	菌子	蘑菇
kamu	平菇	平菇
ti chyang	青鸡枞	青鸡枞
numji	白生菌	白生菌
nga-chyu mati	奶浆菌	奶浆菌
hkai ai mati	人工菌	人工蘑菇

续表

景颇语	普通话	粤语
hkai lajang	栽培	栽培
makrat	木耳	木耳
hpun so	枯树	枯树
hpun	树	树
nat mati	毒蘑菇	毒蘑菇
matum	香菇	香菇
tu hkrung	生长	生长
prut maji	发芽	发芽
nampan pu	开花	开花
myin	成熟	成熟
asi si	结果	结果
kyip mat	凋谢	凋谢
shi mari ta marang	梅雨	梅雨
a dong	疑问句句尾词	

二十九、渔猎
SHAN GAP NGA HKUI

学句子 Ga yan sharin

01 **Shanhte shan gap sa wa masai.**

他们几个打猎去了。

佢哋几个去咗打猎。

02 **Nang ya mung shan no gap sha a ni?**

你现在还打猎吗?

你而家仲打唔打猎啊?

03 **Wa-du nau lo nna, kumshu hkrai sa sha sha re ai.**

野猪太多了，总是来吃甘蔗。

野猪太多喇，成日都嚟食蔗。

04 **Shong de bum ko sharo nga ai, ya go n nga mat sai.**

以前山上有老虎，现在没有了。

以前山上有老虎，而家冇咗喇。

05 **Woi hkainu sa lagu sha ai.**

猴子来偷吃苞谷。

马骝嚟偷食粟米。

06 Shong de mung masha ni shan gap nna gumhpro tam ma ai.

很久以前，人们会打猎贴补家用。

好耐之前，啲人会打猎贴补家用。

07 Nam u nkau mi na mying ngai mung n chye tsun ai.

有些鸟的名字我也说不出来了。

有啲雀嘅名我都讲唔出嚟喇。

08 Shan wa gyam ga! Gui ma woi lang u.

去狩猎吧！把狗也带上。

去打猎啰！带埋只狗。

09 Nu lahpo hte u chye gap ai.

妈妈会用弹弓打鸟。

阿妈识用弹弓打雀。

10 Makhkyu wa bum ko tsap chyang hkrum gatut ai da.

猎人在山上遇见了黑熊。

猎人喺山上撞见咗黑熊。

11 Nam na dusat nkau go makop maga ra ai bo dusat re, gap sha yang mara lu ai.

有的野兽是保护动物，打了犯法。

有啲野兽系保护动物，捉佢会犯法。

12 Shan gyam yang yat yat sha hkom ra ai.

寻找猎物时，脚步要轻。

揾猎物嘅时候，脚步要轻。

13 Shi shan tat kau sai.

他放走了猎物。

佢放走咗猎物。

14 Shan shachyut shapro dat sai, raitim n lu gap la ai, hprong mat sai.

猎物赶出来了，但打不到，跑了。

猎物赶咗出嚟喇，但系打唔到，走咗。

15 Ya go shan majoi n mai gap sai.

现在不能随便打猎了。

而家唔可以随便打猎喇。

16 Waloi nrung go tsi gaba myu mi re.

水牛角有很高的药用价值。

水牛角有好高嘅药用价值。

17 Yahte go nga sha mayu nga ai.

最近想吃鱼。

呢排想食鱼。

18 Nga sa hkui sha ga!

去捕鱼吧！

去捉鱼啰！

19 Nang nga grai chye hkui nga ai.

你很会捕鱼嘛。

你好识捉鱼吗。

20 Ya nga nau n rong mat sai.

现在鱼已经很少了。

而家鱼已经少咗好多喇。

21 Ya masha nkau go shana hkan nga sa don ma ai.

现在有很多人喜欢在夜晚钓鱼。

而家有好多人中意喺晚黑钓鱼。

22 Daini nga langai mi mung n lu don ai.

今天一条鱼都没钓到。

今日一条鱼都冇钓到。

学单词 Ga hko sharin

景颇语	普通话	粤语
gap	打	打
shan gap	打猎	打猎
dusat	野兽	野兽
wa-du	野猪	野猪
tsap	熊	熊
lapu	蛇	蛇

续表

景颇语	普通话	粤语
shan nga	鹿	鹿
sharo	老虎	老虎
dumsi	豪猪	豪猪
nga rung	牛角	牛角
shanhpyi	皮	皮
htunghpau sanat	铜炮枪	铜炮枪
ndan	弩	弩
shachyut	追	追
mahkam	扣子	扣
chyinghtep	夹子	夹
pala	子弹	子弹
mara shut	犯法	犯法
nga lasa	牛筋	牛筋
mun	毛	毛

三十、旅游
BUHKOM

学句子 Ga yan sharin

01 Nang arai hkyem nna gade sa na rai?

你收拾东西，要去哪里？

你执埋啲嘢，要去边啊？

02 Ngai shinggan de tong ya mi no sa buhkom na hkyem ai.

我要出去旅行一段时间。

我要出去旅行一段时间。

03 Ngai Hkunmyin ko du nbungli jon nhtom, sat lawan wanleng jon nna Kongju de bai du na.

我打算先坐飞机去昆明，然后转高铁去广州。

我打算坐飞机去昆明先，然后转高铁去广州。

04 Tinang modo got nna buhkom mayu ai.

想自驾旅游。

想自驾旅游。

05 Hka panglai sa yu mayu ai.

想去看一下大海。

想去睇下大海。

06 La-ma nang lam masa atsom n chye, modo got n byin jang go tinang modo hkum got hkom.

如果你不熟悉路况、车技不成熟，就不要尝试自驾。

如果你唔熟路况、车技唔好，就唔好尝试自驾。

07 Hkom sa lam hta sadi u.

出行小心一点。

出行小心啲。

08 Nang Maijayang de sa yu sai i?

你去过迈扎央了吗？

你去过迈扎央未啊？

09 Yahte nau gahtet la ai, hka sa hpungyot ga!

最近太热了，我们去游泳吧！

呢排太热喇，我哋去游水啰！

10 Sakhkung ko du jang amyu myu re grai mu ai amyu lusha sa chyim yu su.

来到德宏一定不能错过各种民族美食。

到咗德宏一定唔可以错过各种民族美食。

11 Ya pru hkom yang grai manu ai, shani shanang mare hku shawa modo lai ai.

现在出行很方便了，每天都有公交车经过寨子。

而家出行好方便喇，日日都有公车经过条寨。

12 Ndai ginra grai tsom nga ai.

这个地方很漂亮。

呢个地方好靓。

13 Nanhte ginra de i pyo ai rai?

你们那个地方好玩吗？

你哋嗰个地方好唔好玩啊？

14 Sa du jang chye sai.

去了就知道了。

去咗就知啦。

15 Ndai lang na jong dat ten hta nang gade sa chyai na?

这个假期你想去哪里玩？

呢个假期你想去边度玩？

16 Ndai makau mayan hkan pyo chyai shara i nga ai rai?

附近有什么好玩的地方？

四周围有乜好玩嘅地方？

17 Tsamai ganang dut a ta? Ngai langai mari mayu ai.

哪里可以买景颇酒筒？我想买一个。

边度可以买景颇酒筒？我想买一个。

18 **Ngai buhkom na grai ra ai, shara lo lo hkan sa yu sai, manang mung grai chye la sai.**

我喜欢旅游，我去过很多地方，结交了很多朋友。

我中意旅游，我去过好多地方，交咗好多朋友。

19 **Ngai maling gata hkan hkom chyai na grai ra ai, manan nsen ni madat chyai rai nngai.**

我喜欢穿梭在山林间，听大自然的声音。

我中意穿梭喺山林间，听大自然嘅声音。

20 **Munghon gongngu hpro grai shingkang ai.**

勐焕银塔很壮观。

勐焕银塔好壮观。

21 **Ka-du ko na Hkaibangya hka nong grai tsomhtap ai.**

铜壁关的凯邦亚湖很美。

铜壁关嘅凯邦亚湖好靓。

22 **Moli hka rim go htingnai ga maling gata ko makoi rong nga ai, grai mau na zon re rai nga ai.**

莫里瀑布藏于热带雨林深处，景观奇特。

莫里瀑布藏喺热带雨林深处，景观奇特。

23 **Numchying ginra na tara hkan ra ai, n gaja ai lam n mai galo ai.**

自觉遵守景区规定，杜绝不良行为。

自觉遵守景区规定，杜绝不良行为。

学单词 Ga hko sharin

景颇语	普通话	粤语
buhkom	旅行	旅行
numchying	风景	风景
chyai hkom	逛	逛
hkringsa	休息	唞
panglai	大海	大海
hka hpungyot	游泳	游水
sadi	小心	小心
hkrit hpa	危险	牙烟
nguipyo	安逸	安逸
hkan	遵守	遵守
masat dodan	规定	规定
yo shada	计划	计划
myit hta hkra	激动	激动
jon	搭乘	搭
chye/mon	熟悉	熟悉
chye ai masha	熟人	熟人
lam mon/lam chye	熟路	熟路
n mon	陌生	陌生
masha tsasam	陌生人	陌生人
nna	而且；从	而且；从

三十一、文娱
MAHKON HKRANG SHALA

学句子 Ga yan sharin

01 **Anhte bungli n nga ai shaloi, tsa lu, mahkon hkon chyai rai ga ai.**

我们没事的时候，就喝酒唱歌。

我哋有嘢做嘅时候，就饮酒唱歌。

02 **Mahkon hkon zat ka chyai ga!**

一起来唱歌跳舞吧！

一齐嚟唱歌跳舞啦！

03 **Shi zat grai chye ka ai.**

她很会跳舞。

佢好识跳舞。

04 **Nanhte hpa bo zat chye ka ai rai?**

你们会跳些什么舞？

你哋识跳啲乜舞？

05 **Soi palong hpun nna zat ka yang grai tsom ai.**

穿银袍跳舞很好看。

着银袍跳舞好好睇。

06 **Nshon na Jinghpo zat hpung hta masha grai lo ai.**

陇川景颇族艺术团人很多。

陇川景颇族艺术团人好多。

07 **Ngai Jinghpo zat grai ra sharong ai, sharin mayu ai.**

我很喜欢景颇舞蹈，想学一学。

我好中意景颇舞蹈，想学一学。

08 **Jinghpo nhtu hkyen zat sharin yang sadi ra ai.**

学跳景颇刀舞要小心点。

学跳景颇刀舞要小心啲。

09 **Nang gyihta i chye dum ai rai?**

你会弹吉他吗？

你识唔识弹吉他啊？

10 **Shi go Wunpong shu chye dum ai.**

他会弹“文蚌舒[1]”旋律。

佢识弹“文蚌舒”旋律。

---

① 多出现在结婚等喜庆场合，营造快乐、热闹的氛围。

11 Gahtong na dum shapyo hpung ni shana du jang pyo chyai lamang galo lo rai ma ai.

村里的乐队一到晚上就搞娱乐活动。

村入便嘅乐队一到晚黑就搞娱乐活动。

12 Dingla ndai maumui grai chye hkai ai.

这个老人很会讲故事。

呢个老人好识讲古仔。

13 Gahtong langai ngai ko pyo chyai lamang n galo ma ai.

有的村子基本上没有什么文化生活。

有啲村基本上冇乜文化生活。

14 Ramma ni myu de nong e datshin sa yu, mahkon sa hkon rai ma ai.

青年人经常去城里看电影、唱歌。

后生仔成日去省城入便睇戏、唱歌。

15 Num la ramma ni bum ndai hkran wora hkran rai nna nchyun chyun hkat chye ma ai.

年轻男女会隔山对唱情歌。

后生男女会隔山对唱情歌。

16 Shong de Jinghpo la sha ni hturen chye dum ai hkrai re.

过去，景颇族小伙子普遍会吹“吐良[1]”。

以前，景颇族后生仔普遍识吹“吐良”。

① 又称“吐任”，是一种古老的吹孔气鸣乐器，用于独奏或集体舞伴奏，流行于云南景颇族地区。

17 Gahtong na ni yong hpe woi nna bum de lusha wa galo sha chyai chyai rai ma ai.

寨子的人经常组织大家去山上野炊。

条寨啲人经常组织大家去山上野炊。

18 La sha ni mare bo na bolung dabang ko bolung gasup chyai chyai rai ma ai.

男孩子们喜欢在寨头的球场打篮球。

男仔中意喺寨头嘅球场打篮球。

19 Numsha ni makau ko jom dung shinggrup nga nna jahta chyai chyai rai ma ai.

女孩子们喜欢围坐在一旁聊天。

女仔中意埋堆坐喺一边倾偈。

20 Yi hkan dumba dum shangoi yang, dum shapyo chyai ai mung rai nna,u numji ni hpe mung no lu shachyut kau nga ai.

在田野间吹响洞巴[1]，既是娱乐，又能赶走鸟雀。

喺田度吹洞巴，既系娱乐，又可以赶走啲雀。

21 Tinang a htunghking laili hpe tinang hton matut hkrat wa ra ai.

自己的文化自己要传承。

自己嘅文化自己要传承。

① 景颇族双簧气鸣乐器，曲调自由，多是即兴吹奏。景颇人在丰收之际、过年、新婚夜、吃新米、丧葬、放牧时会吹奏洞巴，忌在家中吹奏。

学单词 Ga hko sharin

景颇语	普通话	粤语
gasup chyai	娱乐	娱乐
zat	舞蹈	舞蹈
zat ka hpung	舞蹈队	舞蹈队
Jinghpo zat	景颇舞	景颇舞
Sam zat	傣族舞	傣族舞
zat pya	表演	表演
mahkon	歌曲	歌
mahkon hkon	唱歌	唱歌
nsen	声音	声音
madat pyo	悦耳	好听
dum shapyo hpung	乐队	乐队
madum sumhpa	乐器	乐器
gyihta	吉他	吉他
sumpyi	笛子	笛
jahta chyai	聊天	倾偈
maumui hkai	讲故事	讲古仔
shingtot	跳高	跳高
bolung htong	踢球	踢波
sumla soi	绘画	绘画
hko tsun	演讲	演讲

景颇族民歌 Mahkon hkrang

景颇族民歌是指景颇族劳动人民集体的口头诗歌创作，属于民间文学中可以歌唱和吟诵的韵文部分。其民歌类型可分为劳动歌、习俗歌、情歌和生活歌等。

景颇族民歌的表现形式：

nchyun	“嗯准”是常见的情歌歌体
shangon	“莎温”是娱乐时唱的抒情歌
shayo goi	“莎约乖”是山歌歌体
n la maron	“嗯啦木软”是男女青年娱乐时唱的抒情歌体
majan	“木占”是祭师吟唱史诗时吟唱的歌体

“木占”又可分为：

dingshon majan	“丁栓木占”是进新房时表祝贺的歌体
mamdan majan	“曼丹木占”是庆祝丰收稻谷时吟唱的歌体
hkungran majan	“孔然木占”是新人结婚时表祝福的歌体
gabung majan	“格崩木占”是老人去世时吟唱的一种歌体

三十二、亲戚
JINGHKU JINGYU

学句子 Ga yan sharin

01 Nanhte nta masha gade wa re ta?

你们家有几口人？

你屋企有几个人？

02 Anhte nta go masha marai manga rai ga ai, annau ni go marai masum rai ga ai.

我们有5口人，兄弟姐妹有3人。

我哋有5个人，兄弟姊妹有3个。

03 Wa go asak manga shi ning rai sai, nu go asak mali shi matsat ning rai sai.

爸爸50岁了，妈妈48岁了。

阿爸50岁，阿妈48岁。

04 Ngai na duila go asak jahku shi lau du sai, hkumhkrang grai no hkamja ai.

我外公快90岁了，身体还很好。

我公公就嚟90岁喇，身体仲好好。

05 Ngai a hpuba go sara re, ashong go tsi sara re.

我哥是老师，我姐是医生。

我阿哥系老师，我家姐系医生。

06 Shong go jong n kam lung ai.

姐姐不喜欢读书。

家姐唔中意读书。

07 Ngai a hpuba go ga grai chye shaga ai.

我哥很会说话。

我阿哥好识讲嘢。

08 Nu go anhte hpe masha hte ganon mazum ai lam sharin ya ai.

妈妈教我们待人接物。

阿妈教我哋待人接物。

09 Anhte a nta go apyo angon nga ai dinghku re.

我们家很和睦。

我哋屋企好和睦。

10 Na ganau la sha grai zen ai, raitim loi gaya chye ai.

你弟弟很聪明，但有点羞涩。

你细佬好叻，但系有啲怕丑。

11 Ngai a ganau la sha go daining kru ning hpring sai, jong lung ra sai.

我弟弟今年刚满6岁，要上学了。

我细佬今年啱满6岁，就嚟翻学喇。

12 Shi a ganu yan gawa go hpa bungli galo ai rai?

他爸妈是干什么的？

佢阿爸阿妈系做乜嘢？

13 Shanhte nta jinghku jingyu grai lo ma ai.

他家亲戚很多。

佢屋企亲戚好多。

14 Shong de ngai hpunau marai manga lu ai, ya go marai lahkong n nga mat sai.

我原来有五个兄弟，现在有两个已经不在了。

我原嚟有五个兄弟，而家有两个已经唔喺度喇。

15 Anhte Jinghpo amyu ni masha jahpan n lo ai.

我们景颇族人口少。

我哋景颇族人口少。

16 Shi go nang a hpa bo jinghku re ta?

她是你的什么亲戚？

佢系你嘅乜嘢亲戚？

17 Ngai a hkai hte shi a duinum go shannau majing rai ma ai.

我的奶奶和她的外婆是亲姐妹。

我阿嫲同佢阿婆系亲姊妹。

18 Yahte nu ba nta ni hkamja nga nni?

近来，姨妈一家好吗？

呢排姨妈一家人几好嘛？

19 Nang shi hpe hpa bo shaga jo ai rai?

你怎么称呼他？

你点称呼佢？

20 Shi go ngai na tsa-ba re.

他是我舅舅。

佢系我舅父。

21 Ngai go la sha shingtai re.

我是独生子。

我系独生子。

22 Gahtong langai mi na masha lo malong go jinghku hkrai re.

一个寨子里很多都是沾亲带故的。

一条寨入便好多都系沾亲带故嘅。

学单词 Ga hko sharin

景颇语	普通话	粤语
jinghku	亲戚	亲戚
gu	姑爹	姑丈
moi shong	姑妈	姑妈
duila	外公	阿公，公公
duinum	外婆	阿婆，婆婆
wa	爸爸	老窦，阿爸
nu	妈妈	老母，阿妈
ji dui	爷爷	阿爷，爷爷
dui	奶奶	阿嫲，嫲嫲
ba	哥哥	阿哥，大佬
shong	姐姐	家姐
tsa-ba	大舅	大舅父
niba	舅妈	舅母
nuba	姨妈	姨妈
wa ni	姨丈	姨丈
ganau la sha	弟弟	细佬
ganau numsha	妹妹	细妹
ning/rat	嫂子	阿嫂
gu/hkau	姐夫	姐夫
rat/hkau	妹夫	妹夫

三十三、婚姻
NUMWON NUMLA LAM

学句子 Ga yan sharin

01 Nang hkungran sai i?

你结婚了吗？

你结咗婚未？

02 Shi sum shi ning hpring sai, raitim num rai n la shi ai.

他满30岁了，但还没有结婚。

佢够30岁喇，但系仲未结婚。

03 Na ganau la sha sumtso i lu sai rai?

你弟弟有女朋友了吗？

你细佬有女朋友未啊？

04 Shi sak no gaji ai, num rai n kam la ai.

他年纪还小，还不想娶媳妇。

佢年纪仲细，仲唔想娶老婆。

05 Gahtong na numsha ni shinggan de num wa ma sai.

村里的女孩都嫁到外地去了。

村入便嘅女仔都嫁咗去外地喇。

06 Numsha lo malo go gaga mungdo gaba de num wa ma sai.

很多女孩嫁到外省去了。

好多女仔都嫁咗去外省喇。

07 Nang ganing re num la mayu ai rai?

你想娶什么样的老婆?

你想娶点样嘅老婆?

08 Myit su jang rai sai.

懂事就可以了。

生性就得喇。

09 Jinghpo la sha langai ngai go Myen mung num la ma ai.

有的景颇小伙娶了缅甸老婆。

有啲景颇后生仔娶咗缅甸老婆。

10 Saini jinghku hte hkungran hkat ai go tara shut ai.

近亲结婚是违法的。

近亲结婚系违法㗎。

11 Shi num hpyi sa wa sai.

他去说亲事了。

佢去咗倾亲事。

12 Nan hpe go masha ni shachyen ya ai i?

你们是别人介绍的吗?

你哋系人哋介绍㗎?

13 Shara ra hkan na hpuja grai laja ai.

有些地方的礼金很重。

有啲地方嘅礼金好重。

14 La nnan manang ni hte tsa lu nga ai.

新郎在陪客人喝酒。

新郎哥陪紧人客饮酒。

15 Shi a hkungran poi hta manam grai lo ai.

他的婚礼客人很多。

佢嘅婚礼人客好多。

16 Shan go htunghking hku hkungran ma ai.

他们按传统习俗办婚礼。

佢哋按传统习俗办婚礼。

17 Num nnan go kumba lai ra ai.

新娘要过草桥。

新娘要过草桥。

18 Hkungran ai shaloi dumbu shapyo hpung ni hpe shaga la nna, num nnan hpe hkap tau la ai.

结婚要请景颇乐队迎接新娘。

结婚要请景颇乐队迎接新娘。

19 Shi a ganu yan gawa hka mat sai.

他爸妈离婚了。

佢阿爸阿妈离咗婚。

20 La nnan grai shingkang ai. / Num nnan grai tsom ai.

新郎很帅气。/新娘很漂亮。

新郎哥好靓仔。/新娘子好靓。

21 Jaiwa wa hkungran jaiwa wa nna num nnan la nnan yan hpe shaman ya ai.

斋瓦①会演唱结婚史诗祝福新人。

斋瓦会演唱结婚史诗祝福新人。

22 Ya yang masha lo malo ni n kam hkungran ma ai.

现在越来越多的人不愿意结婚了。

而家越嚟越多嘅人唔肯结婚喇。

23 Nang ngu yang kun dinghku go ganing re rai ra na?

你觉得婚姻应该是什么样子的?

你觉得婚姻应该系乜嘢样子嚟?

学单词 Ga hko sharin

景颇语	普通话	粤语
hkungran	结婚	结婚
hkungran poi	婚礼	婚礼
num la	娶媳妇	娶老婆

① 意为“诗歌、创世诗”或指专门吟唱此类诗歌的“经师”。斋瓦作为诗歌亦或是经师，在景颇人心目中享有很高的地位。

续表

景颇语	普通话	粤语
la nnan	新郎	新郎哥
num nnan	新娘	新娘，新娘子
num wa	嫁人	嫁人
htunghking	习俗	习俗
sumtso tso	恋爱	恋爱
num hpyi	说亲事	倾亲事
hpagop	银袍	银袍
hpuja	礼金	礼金
kumba lai	过草桥	过草桥
nhpye	筒帕	筒帕
shachyen	介绍	介绍
dinghku hka	离婚	离婚
nga ngon	幸福	幸福
kamsham	信任	信任
madi shado	支持	支持
lit	责任	责任

婚姻习俗 Numjo numya

景颇族婚姻形式为一夫一妻制，但旧时的山官和富裕家庭也有一夫多妻的。在家中，父亲是家长，有女无子时可招赘，但赘婚不改姓，无子嗣时可收养子，权利义务与亲生子一样。财产实行幼子继承制，幼子地位高于长子。

现代景颇族婚烟中，青年人主要是自由恋爱，但仍然保留传统的单向姑舅表婚，即姑家儿子可娶舅家女儿，而舅家的儿子不能娶姑家的女儿。如果姑妈的女儿嫁给舅舅的儿子，就成了“血脉倒流”，这不合婚姻伦理。

景颇族结婚时有迎亲队伍迎接新娘和客人，新娘着盛装，在长者的带领下举行“新娘过草桥”仪式，婆婆会把自己的玛瑙项链给新娘戴上，视为新娘已是夫家的人，新娘也把自己带来的银饰背包和长刀给新郎佩戴，代表以身相许。

三十四、人品
MASHA A LAIKYANG

学句子 Ga yan sharin

01 **Shi gadai hte mung chye ganon mazum ai.**

她跟谁都相处得很愉快。

佢同边个都相处得好开心。

02 **Shi myit grai su ai, ganu yan gawa hpe grai chye tsang ai.**

她很懂事，对父母很孝顺。

佢好生性，对父母好孝顺。

03 **Shi shingdu ko masha ni hpe grai chye shatan ai.**

他喜欢在背后说人家坏话。

佢中意喺背后讲人坏话。

04 **Nang yu yang shabrang ndai gara hku re?**

你看这小伙子怎么样？

你睇呢个后生仔点样？

05 **Ngai shi hpe n ju ai, shi ga gaba nau chye tsun la ai.**

我不喜欢他，他最爱说大话。

我唔中意佢，佢至中意车大炮。

06 Shi a ga n mai madat ai, shi grai chye masu ai.

不能听他的话，他很会骗人。

唔可以听佢讲，佢好识呃人。

07 Ma ndai ga grai madat nga ai.

这个孩子很听话。

呢个细路好听话。

08 Nde gaba sai mahkon jan, hpa mung n chye galo, nau lagon la ai.

这么大的姑娘，什么也不会做，太懒了。

咁大个女，乜嘢都唔识做，太懒喇。

09 Shi masha ni nga pyo na n mai mu ai, myit n gaja ai.

她见不得人家好，有坏心眼。

佢唔抵得人哋好，心地坏。

10 Shi a laikyang grai gaja ai, shi go du gaja re.

他的作风很好，是个好领导。

佢嘅作风好好，系个好领导。

11 Shi gumgai dingla ni hpe grai chye hkungga ai.

他很会尊重老人。

佢好尊重老人家。

12 Nang hte ganon yang grai pyo ai.

和你相处很愉快。

同你相处好愉快。

13 **Nang go myit nau kya la ai.**

你心太软了。

你太心软喇。

14 **Shi hte ganon ai grai na sai, raitim n ga lo hkat yu ai.**

和他相处很久了，但从来没有吵过架。

同佢相处咗好耐喇，但系从来都冇嘈过交。

15 **Shi grai pot ja ai.**

她动不动就生气。

佢啷吶就发嬲。

16 **Masha ndai hpa tsam n rong ai, manang ni hpe hkrai reng sha sha re ai.**

这人没什么本事，还总喜欢指挥别人做事。

呢个人冇咩本事，仲成日中意指挥人哋做嘢。

17 **Masha galo yang go dinghpring ra ai.**

做人要讲信誉。

做人要讲信誉。

18 **Lagu lagut re bungli n mai galo ai.**

不能做小偷小摸的事。

唔可以做偷偷摸摸嘅事。

19 **Nang go kam mai ai masha re.**

你是一个值得信赖的人。

你系一个值得信赖嘅人。

20 Shi go myit ding ai masha re.

他是一个正直的人。

佢系一个正直嘅人。

21 Shi grai mai ai, galoi mung masha ni hpe garum kam ai.

她人很好，经常帮助别人。

佢人好好，经常帮助人哋。

22 Shi nau chye daru sharin ai, yong ni shi hpe n ra ma ai.

他太喜欢说教了，大家都不喜欢他。

佢太中意教人哋喇，大家都唔中意佢。

学单词 Ga hko sharin

景颇语	普通话	粤语
ganon mazum	相处	相处
nguipyo	快乐	快乐
myit ding	正直	正直
myit su	懂事	生性
dinghpring	诚实	诚实
myit let	聪明	聪明
share shagan	勇敢	勇敢
n maji/gasang galang	大方	大方
myit shagrit shanyem	谦虚	谦虚

续表

景颇语	普通话	粤语
myit kya	心软	心软
manon	嫉妒	妒忌
myit gaji/maji	小气	小气
masu	骗人	呃人
lagon	懒	懒
matse	凶	恶
pot	生气	发嬲
mani jahpoi	嘲笑	笑
n ri	讨厌	憎
myit mago	阴险	阴湿
myit matse	心狠	狠心

三十五、打扮
MON SHAKYA

学句子 Ga yan sharin

01 **Da labu na maka grai tsom ai.**

织锦的花纹很漂亮。

织锦嘅花纹好靓。

02 **Nang a palong matsat mat sai.**

你的衣服弄脏了。

你件衫整污糟咗。

03 **Na ba-sing ndai gara ko mari la ai rai ?**

你这条裙子是在哪里买的?

你呢条裙系喺边度买嘅?

04 **Nang longhpro hpun yang she shingkang ai.**

你穿白衬衫才帅。

你着白衬衫先靓仔。

05 **Jinghpo hking hte Sam hking go hpa shai ai rai?**

景颇族服装和傣族有什么不同?

景颇族服装同傣族有乜唔同?

06 **Na nten su grai tsom ai, nhpa mying nga ai re ta?**

你的口红真好看，是什么牌子的？

你嘅唇膏好好睇，系咩牌子㗎？

07 **Na zauhkai n hkrak ai.**

你的鞋子质量不好。

你对鞋质量唔好。

08 **Yahte loi hpum mat nna labu pyi chyat mat sai.**

最近长胖了，裤子都紧了。

呢排肥咗，条裤都紧哩。

09 **Wora jan, pongta chya ai nau htat sai.**

那女人，粉涂得太厚了。

嗰个女人，粉搽得太厚喇。

10 **Shi shakya dat jang grai tsom ai.**

她打扮起来很漂亮。

佢扮起身好靓㗎。

11 **Shi pat grai kam yo ai.**

他很爱照镜子。

佢好中意照镜。

12 **Ngai a tso jan hpe lungseng lahkon mari ya mayu ai.**

我想给女朋友买个玉手镯。

我想同女朋友买个玉鈪。

13 Ngai ning di shakya yang i tsom ai rai?

我这样打扮漂亮吗?

我噉样打扮靓唔靓?

14 Ngai a man shakya rai n lu mat sai.

我的化妆品用完了。

我啲化妆品用晒喇。

15 Nang nhpa man shakya rai lang ai rai?

你用哪种化妆品?

你用边种化妆品?

16 Masha hpe yu yang ntsa lam sha n mai yu ai.

看人不能光看外表。

睇人唔可以净系睇外表。

17 Jinghpo la ni nhpye hpye yang grai shingkang ai.

景颇男子背筒帕很帅气。

景颇啲男仔孭筒帕好靓仔。

18 Kara no sa do ra sai.

要去剪一下头发了。

要去剪下头发喇。

19 Nang buhkra hkye bu yang n htuk la ai.

你不适合穿红裤子。

你唔啱着红裤。

20 Nang a kara ganang sa galo ai re ta? N tsom dik ai.

你去哪儿做的发型？太丑了！

你喺边度做嘅发型啊？好样衰！

21 Shi a buhpun hking alak mi re.

她的穿搭很有个性。

佢嘅穿搭好有个性。

22 Shakya yang myit grai sharot la u ai.

打扮可以让人变得自信。

打扮可以令人变得自信。

学单词 Ga hko sharin

景颇语	普通话	粤语
nten su	口红	唇膏
yemui	香水	香水
pat/man-yu/jamna	镜子	镜
gumhpro n-ga	银刀	银刀
pasi	梳子	梳
shat palong	衬衫	衬衫
labu gadun	短裤	短裤
bochyop	帽子	帽
moza	袜子	袜
ta laro	手套	手套
ba-sing	裙子	裙

续表

景颇语	普通话	粤语
shanhpyi zauhkai	皮鞋	皮鞋
myikong soi	画眉毛	画眉毛
na latan	耳环	耳环
Jinghpo nhpye	景颇包	景颇包
sumpan da	织布	织布
hkalip	发夹	发夹
dubat	围巾	颈巾
hkintang	扣子	纽
za-htu palong	毛衣	冷衫

景颇族的服饰 Buhpun sumro

景颇族服装的颜色以黑、白、红为主调，以黄、绿 、蓝 、棕 、紫等颜色作配色，鲜艳和谐。传统的景颇族纺织材料主要用棉花、麻等，经过手工捻线和纺线，再织成布，将树叶和天然原料加工制成染料，将布染成各种花色。饰物以银器为主，配以其他藤制和草编的小饰物。景颇族举行婚礼和参加目瑙纵歌节时，女子主要穿盛装，男子一般穿黑色对襟短衣，裤腿短而宽。现在景颇人平时已很少穿民族服装，但还有一些老年男子也穿改装过的大襟上衣和宽松肥大的裤子，有的老年妇女还留辫子缠在头顶上，头裹黑布包。青年人平时大都已改为穿现代服装，但在参加婚礼和目瑙盛会时都会穿民族服装。

三十六、过节
POI SHANG

学句子 Ga yan sharin

01 **Manau poi go wunpong myu sha ni a htunghking poi gaba rai nga ai.**

目瑙纵歌节是景颇族的大节日。

目瑙纵歌节系景颇族嘅大节日。

02 **Kap shata langai pro shi manga ya ko manau poi galo ai.**

正月十五号举办目瑙纵歌节。

正月十五举办目瑙纵歌节。

03 **Go-nyen hpang de Nshon hte Yinkyang ko manau poi galo ai.**

新年过后陇川和盈江县都会举办目瑙纵歌节。

过咗新年陇川同盈江县都会举办目瑙纵歌节。

04 **Masum ya matut manoi, masha mun lam manau jom nau ai.**

连续3天，万人一起跳舞。

连续3日，万人一齐跳舞。

05 Manau poi go Sakhkung mungdo amyu sha ni jom hkrumzup ai poi nhtoi re.

目瑙纵歌节也是德宏州民族大团聚的日子。

目瑙纵歌节亦系德宏州民族大团聚嘅日子。

06 Manau poi ko amyu myu re amyu buhpun hking rai ni mu mari la ai.

在目瑙纵歌节可以买到各种民族服饰。

喺目瑙纵歌节可以买到各种民族服饰。

07 Amyu shagu a mu hpa lusha rai ni grai lo ai.

各民族的美食，应有尽有。

各民族嘅美食，应有尽有。

08 Gahtong lo malo ni shat lit gun nna sa hkalum lom ma ai.

许多村子都要背礼篮前去祝贺。

好多村都要带礼篮去祝贺。

09 Manau rau jom nau ga lo!

一起来跳目瑙舞吧！

一齐嚟跳目瑙舞啦！

10 Shinggan masha ni mung manau poi mai sa shang lom ai.

外地人也可以参加目瑙纵歌节。

外地人都可以参加目瑙纵歌节。

11 Naushong naupa shang wa mara ai.

瑙双瑙巴（领舞人）进来了。

瑙双瑙巴（领舞人）入嚟喇。

12 La ni nhtu hpai nna manau nau ai.

男子拿着长刀跳目瑙舞。

男仔攞住长刀跳目瑙舞。

13 Ngai nang hpe Jinghpo hking shap jahpun de.

我借你穿景颇服装。

我借景颇服装畀你着。

14 Daining na manau poi grai hkikpong ai.

今年举办的目瑙纵歌节很隆重。

今年举办嘅目瑙纵歌节好隆重。

15 Daining anhte nta wa sat na hkyem ai, sa garum rit.

今年我们家要杀猪，过来帮忙。

今年我哋屋企要劏猪，过嚟帮手啊。

16 Gahtong shagu ni u wa sat nna nlung nnan sha, mahkon hkon zat ka rai, nsi naisi lu la ai hpe hkalum shaman ma ai.

各个寨子会杀鸡宰猪、吃新米，载歌载舞庆贺丰收。

条条寨都会劏鸡劏猪、食新米，载歌载舞庆贺丰收。

17 Nlung nnan sha poi go Jinghpo ni a htunghking poi re.

新米节是景颇族的传统节日。

新米节系景颇族嘅传统节日。

18 Go-nyen du sai, shinggan de bungli galo hkom ai ni mung wa mara ai.

过新年到了，在外面打工的人都回来了。

就嚟过年，喺出便打工嘅人都翻嚟喇。

19 Nta de wa ai masha nau lo nna, modo lakmat n lu mari ai.

回家的人太多了，没有买到车票。

翻屋企嘅人太多喇，冇买到车票。

20 Go-nyen du jang ma ni grai gabu ma ai.

过年孩子们特别高兴。

过年细路仔特别开心。

21 Go-nyen shana nta shagu go-nyen ginsup zat yu ma ai.

除夕夜每家每户都在看春节联欢晚会。

年卅晚家家户户都睇春节联欢晚会。

22 Anhte htunghking poi hpe ahkyak la ra ai.

我们要重视传统节日。

我哋要重视传统节日。

学单词 Ga hko sharin

景颇语	普通话	粤语
poi	节日	节日
htunghking	传统	传统
hpaijang	鞭炮	炮仗
hkrum zup	团聚	团聚
manau wang	目瑙场	目瑙场
naushong	领舞人	领舞人
sut manau	财富目瑙	财富目瑙
myithkrum manau	团结目瑙	团结目瑙
mam nnan	新米	新米
shaning nnan	新年	新年
go-nyen sa	拜年	拜年
htongka	新房舞	新房舞
nta dingshon shang	进新房	进新房
Jinghpo numsha	景颇姑娘	景颇姑娘
shan ju	烧烤	烧烤
wa ju shan	火烧猪	烧猪
la-ru	腊肉	烧腊
hpong zup	聚会	聚会
go-nyen gumhpro	压岁钱	利是
jinghku gawan	串亲戚	行亲戚

目瑙纵歌节 Manau poi

目瑙纵歌节——景颇族最盛大的传统节日，是国家级非物质文化遗产之一。目瑙场里上万人随着音乐和鼓点起舞，规模宏大，感染力极强，有“天堂之舞”“万人狂欢舞”的美称。

在德宏州，每年农历正月十五、十六日就是目瑙纵歌节。在瑙双瑙巴领舞人的带领下呈两列纵队入场，完成规定的舞蹈路线，展现传统目瑙艺术舞蹈。队伍中的男子一般穿白色或黑色对襟圆领上衣，下身着黑裤，头戴包头，肩上挂筒帕，手持长刀舞动；女子身穿银袍筒裙、手握扇子随着音乐舞蹈，行走舞动时，银袍唰唰作响，别有一番韵味。

随着时代的发展和社会的变迁，目瑙纵歌也逐渐演变出了符合人们当时社会环境和共同心理素质的不同类型。比如孙目瑙（音译），“孙”有“财富”之意，举办这种类型的目瑙表达了人们追求丁财两旺、生活幸福或庆贺丰收的美好愿望。目瑙纵歌节继承和发展了本民族的传统文化，增强了民族内部各支系的亲和力，也促进了各民族的友好交流、交往、交融，有利于促进民族团结。

三十七、丧葬
SI POI

学句子 Ga yan sharin

01 Shi n nga mat ai shaloi asak manga shi ning pyi rai n du ai.

他去世的时候还不到50岁。

佢过身嘅时候仲未到50岁。

02 Sanat lahpu hpu sai, wora nta na dingla n nga mat sai da.

在鸣枪，那家老人去世了。

鸣紧枪，嗰间屋嘅老人过咗身喇。

03 Galoi na amu re ta?

什么时候的事？

几时嘅事？

04 Daihpot manap hkying masum hta na amu rai sai.

今天凌晨3点多的事了。

今日凌晨3点几嘅事喇。

05 Dingla machyi ai grai na sai, lau n tai sai.

老人病了很久了，快不行了。

老人家病咗好耐，就嚟唔得喇。

06 Ai, masha ndai n nga mat ai grai lahpot sai.

哎，这个人死了真可惜。

哎，呢个人死咗真系可惜。

07 Nau hkum yon sa!

不要太伤心了！

唔好太伤心喇！

08 Mang galoi hpai hkyem ai rai?

什么时候安葬啊？

几时落葬啊？

09 Jinghpo ni gumgai dingla hpe grai ahkyak ai hku makoi mayang ma ai, nga sat nna galo ma ai.

景颇族很重视老人的送葬，要杀牛祭祀。

景颇族好重视老人嘅送葬，要劏牛拜神。

10 Lup jau sa yang tsa, malut, nat gumhpro hte ya-hpau lang ra ai.

上坟要用到酒、烟、纸钱和香。

拜山要用到酒、烟、溪钱同香。

11 Jinghpo ni gumgai dingla si yang gabung dum ma ai.

景颇族老人去世时，要跳丧葬舞。

景颇族老人过身嘅时候，要跳丧葬舞。

12 Masha si yang dumsa shaga nna numla shabon ra ai.

人死了要请祭师送魂。

人死咗要请祭师送魂。

13 Anhte yong shanhte a nta sa shalum ya ra ai.

我们都要去帮他家守夜。

我哋都要去帮佢屋企人守夜。

14 Mang hpai ai shaloi ma ni n mai hkan yu ai.

送葬的时候小孩子不能看。

送葬嗰阵细路仔唔睇得。

15 Chyingchyai chyai na masha marai mali so da sai.

请了4个人扮演金斋斋。

请咗4个人扮金斋斋。

16 Lup jau poi du sai.

清明节到了。

清明节到喇。

17 Hpotni lup jau sa ra ai, rai no sa mari la na.

明天去上坟，要买点街货。

听日去拜山，要买啲街货。

18 Gatsan ga na jidui hpe gumhpro nat ya ga.

给去世爷爷烧点纸钱。

烧啲溪钱畀过身嘅阿爷。

19 Nanhte si poi de galoi sa na rai?

你们什么时候去葬礼那儿?

你哋几时去葬礼嗰度?

20 Daini lahpu hpu sa ai ni grai lo ma ai.

今天来奔丧的人很多。

今日嚟奔丧嘅人好多。

21 Gara shani mang hpai na da i?

哪天出殡?

边日出殡?

22 Daini go lahkong ya rai sai, hpotni shani gaang e rai na re.

今天是第二天，应该是明天中午出殡。

今日系第二日，应该系听日中午出殡。

学单词 Ga hko sharin

景颇语	普通话	粤语
n nga mat	去世	过身

续表

景颇语	普通话	粤语
lahpu sanat gap	鸣枪	鸣枪
nat jo nat ya	原始宗教	原始宗教
dumsa	祭师	祭师
chyingchyai chyai	金斋斋	金斋斋
gabung	丧葬舞	丧葬舞
lup	安葬	安葬
mang lup	土葬	土葬
mang nat	火葬	火葬
mang hpai	送葬	送葬
numla shabon	送魂	送魂
nat gumhpro	纸钱	溪钱
lup jau	上坟	拜山
lup	坟墓	坟
shana zong	守夜	守夜
mang sin	守丧	守丧
moimang	遗体	遗体
ningtsang tsang	哀悼	哀悼
sa	祈使句句尾词	
mata	疑问句句尾词	

丧葬习俗 Si poi lam

景颇人信奉原始宗教，认为灵魂不灭。过去，寨子有老人去世时，家属要立即鸣土枪示意，附近亲友会赶来帮忙，还要请一位懂萨（祭师）举行送魂仪式，把死者灵魂送到祖先生活的北方。晚上，附近村寨的人会去死者家参加祭祀舞蹈——戈布舞，表达对死者的怀念，让死者安心离去。正常死亡的一律土葬，第三天出殡。非正常死亡的年轻人一般实行火葬。

做坟墓时，要在坟上搭一座三米多高的圆锥形茅草棚，顶上插一个木雕人像，上面有用火炭、红土和猪血所绘的彩画，图案有日、月、山、水、野兽、家畜、刀枪 、农具、农作物等，表明死者性别、年龄和生前主要活动，坟墓周围插上竹竿，有几根就表示有几个儿女。有的下葬数月或一年后，丧家还要为死者举行送魂仪式，把死者灵魂送回北方老家。

三十八、禁忌
SADI RA AI LAM

学句子 Ga yan sharin

01 Gaba ai ni a man ko goli n mai li ai.

不能在长辈面前翘腿。

唔可以喺长辈面前翘脚。

02 Shat sha yang hka-wan hkoize n mai akok shara ai.

吃饭不要敲碗筷。

食饭唔好敲碗筷。

03 Masha ni a bo pagon n mai masop ya ai.

不能乱摸别人的头。

唔好乱摸人哋个头。

04 Masha ni a rai pagon n mai la ai.

不能乱拿别人的东西。

唔好立乱攞人哋嘅嘢。

05 Ma ni masha ni a nta ko majoi n mai sa yup hkom ai.

小孩子不能随便在别人家过夜。

细路仔唔可以随便喺人哋屋企过夜。

06 Manang ni hpe shat bang ya yang lahkong lang bang ya ra ai.

给人添饭要添两次。

同人添饭要装两次。

07 Nhtu nshat shing n rai nhtu ningchyan masha hpang de n mai shayon ai.

不准将刀口或刀尖对着别人。

唔准将刀口或者刀尖对住人哋。

08 Nta madu ni tsa shaman jo yang hkap la ra ai.

主人敬酒时，一定要接受。

主人敬酒，一定要接受。

09 Nhku shang wa ai shaloi galang ta hkren rai hkawot chyinghka de n mai hkom sa wa ai.

进屋后不能直接走到主人家的后门。

入屋之后唔可以直接行去主人家嘅后门。

10 Mayu e lahpo hte shat makai yang, lahpo gata maga hpe ntsa de ra di ra ai.

平时用叶子包饭，叶心要向外。

平时用叶包饭，叶心要向外。

11 Gyepdin din nna n mai yup ai.

不能穿着鞋子睡觉。

唔可以着鞋瞓觉。

⑫ **Shat sha yang manang ni a man ko nyep n mai hkyi ai.**

吃饭时不能当面擤鼻涕。

食饭嗰阵唔可以当面擤鼻涕。

⑬ **Lam hkom yang masha ni a lago hpe n mai shingkot lai ai.**

走路不能跨过别人的脚。

行路唔可以跨过人哋只脚。

⑭ **Masha ni jo ai kumhpa hkap la yang, ta lahkong hte hkap la ra ai.**

接受别人礼品时，必须双手接。

接受人哋嘅礼品，一定要双手接。

⑮ **Nhtung hte hka ja yang hpring hkra ja ra ai, do mi sha n mai ja ai.**

竹筒接水要接满，不能只接半筒。

竹筒接水要接满，唔可以净系接半筒。

⑯ **Nga sat wadang hte natgyap hpe majoi n mai masop ai.**

不能随便触摸杀牛桩和祭品架。

唔可以随便掂劏牛桩同祭品架。

⑰ **Chyinghka hkadun ko n mai dung ai.**

不能坐在门槛上。

唔可以坐喺门槛上面。

18 Madu jan ahkum li jang, madu wa shan n mai gyam ai.

妻子怀孕，丈夫不能狩猎。

老婆大咗肚，老公唔可以打猎。

19 Naimam hpe nhtu hte majoi n gahtam ma ai.

不能拿刀乱砍粮食。

唔可以攞刀乱斩粮食。

20 Shado ko nga gumra n mai dun ai.

不准在房柱上拴牛马。

唔准喺房柱上边绚牛马。

21 Chyinghkyen ahku hku nna rai n mai shalai jo ai.

不能从篱笆缝里传递东西。

唔可以从围栏条罅中间递嘢。

22 Masha ni a man e ga n mai gahte tsun ai.

不能当别人的面说悄悄话。

唔可以当住人哋嘅面细细声讲嘢。

学单词 Ga hko sharin

景颇语	普通话	粤语
nat galo	祭祀	拜神
goli li	翘腿	翘脚

续表

景颇语	普通话	粤语
bo masop	摸头	摸头
majoi	随便	求其，是但
chyinghka hkadun	门槛	门槛
nhpan	篱笆	围栏
hkum li	怀孕	大肚
hkap la	接受	接受
du ladi	粗鲁	粗鲁
shatu chyai	开玩笑	讲笑
hkro	允许	允许
masin gaba	大胆	大胆
koi/yen	避免	避免
gasheng	刺激	刺激
tsinyam	灾祸	灾祸
myit mago myit	恶意	恶意
ari jo	惩罚	惩罚
roi rip	侮辱	侮辱
numla	魂魄	魂魄
hkungga masat	礼节	礼节

景颇族禁忌 Sadi maja lam

景颇族很重视长幼尊卑之分，一家人吃饭前，应等长辈先就坐，晚辈再坐，长辈动筷，晚辈才能动筷。摸头这种行为被景颇族认为是欺负人的行为。景颇族朴实好客，嚼烟丝和饮酒是景颇族向客人表示友好、尊重与礼貌的方式。当进入景颇族人家，客人不能坐主人的座位“恩通”，要在主人指定的位置就坐，不得久立不坐、东张西望，更不能到处乱闯。客人就坐后不能跷二郎腿，妇女不能托着下巴而坐，因为托下巴坐表示哀悼。另外，屋内不能吹口哨，主人家的卧室也是不准外人进入的。景颇族喜欢从山上采些阔叶回来当碗碟，但在饮食中，叶子千万不能倒着用，否则会被责骂。在景颇族人家，不能随便敲响碗筷，吃饭喝水不能发出太大的响声。禁忌在一定程度上不仅约束了人们的行为，也体现了特定环境下人们的生存经验和认知能力。

景颇语常用300词

NONG E LANG AI JINGHPO GA SI 300

一、代词 Malai ginsi

景颇语	普通话
anhte	我们
nanhte	你们
shanhte	他们
ngai a	我的
nang a	你的
shi a	他的
tinang	自己
masha ni	别人
yong	大家
ndai	这个
wora	那个
gara	哪个
ndai ko	这里
wora ko	那里

续表

景颇语	普通话
gara ko	哪里
ndai hte	这些
wora hte	那些
hpa bo	什么
ganing rai	怎么
hpa majo	为什么

二、动词 Shamu ginsi

景颇语	普通话
re	是
n re	不是
lu	有
n lu	没有
galo	做
ra	要
n ra	不要
nta nga	在家
sa wa	来
sa	去
pru	出
shang	入，进
lam hkom	走路
modo jon	坐车

续表

景颇语	普通话
nta wa	回家
dung	坐
tsap	站
la	拿
jo	给
sha	吃
lu	喝
malut lu	抽烟
shat shadu	做饭
shatmai gangau	炒菜
ta gashin	洗手
tsun	说
madat	听
yu/mada/yo	看
na	听闻
ro	脱
galeng	躺
yup	睡觉
dihkok hkok	打呼噜
yupmang mu	做梦
tum mat	醒来
yup rot	起床

续表

景颇语	普通话
hpun/hkai/din	穿（衣，鞋）
chyop/hkon	戴（帽，手表）
mari	买
dut	卖
chye	知道
chye hkat	认识
mani	笑
hkrap	哭
puk/maron	叫，喊
hkringsa	休息
bungli sa	上班
bungli yu	下班
jong lung	上学
jong dat	放学
jong lung	上课
hkai hkai	种地
da-ga gat	播秧苗
chye	挖
gahtam	砍
nam magang	除草
di	摘
dan	割
lam	晒

三、时间词 Aten ginsi

景颇语	普通话
jahpot manap	早晨
jahpot do	上午
shani ga-ang	中午
shana de do	下午
shana	晚上
ya	现在
ya jang	立即
tutnong	经常
galang lang	有时
shani shanang	天天
maning	去年
daining	今年
htaning	明年
laban	礼拜
ahkying aten	时间
daini	今天
hpotni	明天
mani	昨天
mani e shong shani	前天
hpotdin ni	后天

四、数量词 Shadang ginsi

景颇语	普通话
langai	一
lahkong	二
masum	三
mali	四
manga	五
kru	六
sanit	七
matsat	八
jahku	九
shi	十
shi langai	十一
shi lahkong	十二
tai	个
shi	十
tsa	百
hkying	千
mun	万
sen	十万
wan	百万
ri	千万
gadi	亿
masha langai	一个人

续表

景颇语	普通话
nta mi	一家人
nga langai	一头牛
gui mali	四只狗

五、处所及用品 Shara hte lang rai

景颇语	普通话
chyinghka	门
namdum	厕所
chyenan	手机
ku / tun	床
panyep	席子
sut	蚊帐
wan kra	烤火
hka pung	水桶
hka-wan	碗
hkoize	筷子
gom	杯子
zun	勺
simai mot hpalap	菜刀
nachye	锄头
ahking	筛子
ningrip	扫帚
htingga	箩筐

续表

景颇语	普通话
sau	油
jum	盐
majap	辣椒
gaubong	葱
hparo	蒜
shanam	姜
sishum	味精
namsu	醋
shan	肉
shanzin	瘦肉
sau	肥肉
hpa-lap	茶
tsa / chyaru	酒
shat	饭
shatmai	菜
layit	扇子
na-yi	手表
sadek / sumpu	箱子
sumbu/ buri/ tingsan	袋子
saboi	桌子
lahkum	椅子
wanpu / wanbak	灯
ju hpun	柴火

六、动植物词 Dusat tu hkrung rai ginsi

景颇语	普通话
gui	狗
nga	牛
gumra	马
wa	猪
u	鸡
hkaipyek	鸭
nga	鱼
shingtai	虫
lapu	蛇
shu kret	青蛙
nam u	鸟
gala	老鹰
utsa	麻雀
kahka	乌鸦
dusat	野兽
kahkum	南瓜
hkumli tsun	冬瓜
hkrang hpro	白菜
hkranghkyi	萝卜
mam	水稻
hkainu	玉米

续表

景颇语	普通话
hkaulan	麦子
sau chyinghkrang	油菜
kumshu	甘蔗
lasi	黄豆
mati	菌
kawa	竹子
hpun	树
nampan	花
nam	草
namsi	果
tum	籽，核

七、形容词 Jahtuk ginsi

景颇语	普通话
gaja	好
hten	坏
gaba	大
gaji	小
tso	高
nyem	矮
galu	长
gadun	短

续表

景颇语	普通话
tsan	远
ni	近
madi	湿
hkro	干
lawan	快
gaungui	慢
gashung	冷
gahtet	热
lum	暖和
kang	紧
nu	松
sung	深
nnan	新
dingsa	旧
dingla	老
lo	多
n lo	少
manyen	滑
ding	直
mago	弯
sanseng	干净

八、方位词 Maga ginsi

景颇语	普通话
shara	方位
lahta de	上面
lawu de	下面
shong de	前面
hpang de	后面
gata de	里面
shinggan de	外面

九、天文地理 Sumsing hkrang lamu ga masa

景颇语	普通话
jan	太阳
shata	月亮
shagan	星星
samui	云
saiwan	雾
nbung bung	刮风
marang htu	下雨
mu gung	打雷
myihprap galam	闪电
lamu	天
bum	山
nlung	石头
hpun	木

续表

景颇语	普通话
hka	水
wan	火
numhpu	尘土
hkumpup	泥
ja	金
gumhpro	银
magri	铜
hpri	铁

十、人体部位词 Masha hkum na shamying shaman lam

景颇语	普通话
masha hkum	人体
bonu	脑
kara	头发
myi	眼睛
ladi	鼻子
n-gup	嘴巴
shinglet	舌头
wa	牙齿
nhka	下巴
na	耳朵
du	脖子
gahpa	肩膀

续表

景颇语	普通话
ta	手
sinda	胸膛
kan	肚子
sin	肝
pu	肠子
shingma	背
nshang	腰
dangkang	屁股
dangbau	大腿
lahput	膝盖
lago	脚
lago latsa	脚趾
nra	骨头
hpyi	皮
hkyi	屎
jit	尿

十一、称谓词 Shachyen shaga mying ginsi

景颇语	普通话
hkai ji/jidui	爷爷
hkai/dui	奶奶
dui la	外公
dui num	外婆

续表

景颇语	普通话
wa	爸爸
nu	妈妈
ba	哥哥
ning/rat	嫂子
ganau la sha	弟弟
ning/ganam	弟媳
shong	姐姐
gu/hkau	姐夫
ganau numsha	妹妹
rat/hkau	妹夫
madu wa	丈夫
madu jan	妻子
gasha la sha	儿子
gasha numsha	女儿
wa ba/wa di	伯伯
nu tung	伯母
wa bok	叔叔
nu bok	叔母
tsa ba	舅舅
ni ba	舅母
nu ba	姨妈
wa ba	姨父
masha gaba	大人
ma gasha	小孩

续表

景颇语	普通话
la	男子
num	女子
hpomyi	妇女
shabrang gasha	小伙子
ma chyangai	婴儿
lauban	老板
sara wa	师傅
manang	朋友
jong up	校长
jongma	学生
balik	警察
hpyenla	军人
tsi sara	医生
yungui ninghkring	歌手

十二、颜色词 Nsam ginsi

景颇语	普通话
hkye	红
hpro	白
chyang	黑
shanggan/htoi	黄
mang	紫
mut	灰
tsit	蓝；绿

景颇语拼音方案
JINGHPO LAIKA JAHTUK HTI HKRANG LADAT

一、字母表 Laika ganu

A ɑ	B b	C c	D d	E e	F f	G g
H h	I i	J j	K k	L l	M m	N n
O o	P p	R r	S s	T t	U u	W w
Y y	Z z					

说明：字母的名称依照《汉语拼音方案》的读音。字母f、h、zh用来拼写普通话和其他外来语。手写字体依照拉丁字母的一般书写习惯。

二、声母表 Nsen ganu

声母	景颇语	国际音标	普通话
b	ba	pa^{31}	大哥
p	pa	$p\underline{a}^{33}$	坝子
hp	hpa	$p^{h}a^{ʔ31}$	稀饭
m	ma	ma^{31}	孩子
w	wa	$wa^{ʔ31}$	猪
f	fun	fun^{33}	分
d	da	$ta^{ʔ31}$	纺织品；织

续表

声母	景颇语	国际音标	普通话
t	ta	$t\underline{a}^{ʔ55}$	手
ht	hta	$t^{h}a^{31}$	砍（柴）
n	na	na^{33}	耳朵
l	la	la^{31}	等待
z	za	ʦa^{31}	糟蹋；损坏
ts	tsa	ʦ$\underline{a}^{ʔ55}$	酒
zh	tsha	ʦ$^{h}a^{31}$	擦
s	sa	sa^{31}	去；来
j	ja	ʧa^{31}	金子
chy	chya	ʧ$\underline{a}^{31}$	搭
ch	cha	ʧha^{31}	查
sh	sha	ʃa^{31}	小的
r	ra	ʒ$a^{ʔ31}$	爱；要
g	ga	ka^{31}	话；说
k	ka	$k\underline{a}^{33}$	画；写；刻
hk	hka	$k^{h}a^{ʔ31}$	水
ng	nga	ŋa^{31}	在；有
h	ha	xa^{33}	哈气
y	ya	ja^{33}	给；帮
by	bya	$pja^{ʔ55}$	垮
py	pya	$pj\underline{a}^{ʔ55}$	演；练

续表

声母	景颇语	国际音标	普通话
hpy	**hpya**	**p^{h}ja^{ʔ55}**	拆；剖开；抢劫
my	**mya**	**mja^{ʔ31}**	（土匪）抢劫
gy	**gya**	**kja^{33}**	准备
ky	**kya**	**kj$\underline{a}^{ʔ55}$**	漂亮
hky	**hkya**	**k^{h}ja^{31}**	压
ny	**nya**	**ŋja^{31}**	软
br	**bra**	**pɹa^{ʔ31}**	毛虫
pr	**pra**	**pɹ$\underline{a}^{33}$**	生活；成长
hpr	**hpra**	**p^{h}ɹa^{33}**	以后
gr	**gra**	**kɹa^{ʔ31}**	迅速地抓
kr	**kra**	**kɹ$\underline{a}^{ʔ31}$**	烤；晒
hkr	**hkr**	**k^{h}ɹa^{31}**	三脚架

说明：声母b、d、z、j、g、by、gy、br、gr一般与松元音相拼，p、t、ts、chy、k、py、ky、pr、kr一般与紧元音相拼；f、zh、ch是为方便拼写的借词。

三、韵母表 Mahku ganu

韵母	景颇语	国际音标	普通话
a	**ba**	**pa^{55}**	累
	chya	**ʧ$\underline{a}^{33}$**	敷；涂；染
	ja	**ʧa^{ʔ31}**	硬
	pa	**p$\underline{a}^{ʔ55}$**	渣

续表

韵母	景颇语	国际音标	普通话
e	**de**	$\mathbf{te^{33}}$	闲凑；建立
	hkye	$\mathbf{k^{h}j\underline{e}^{55}}$	红色
	hke	$\mathbf{k^{h}e^{ʔ55}}$	魔术
	pye	$\mathbf{pj\underline{e}^{ʔ55}}$	突然地倒下
i	**hpyi**	$\mathbf{p^{h}ji^{55}}$	讨；要
	ti	$\mathbf{t\underline{i}^{31}}$	菌子
	li	$\mathbf{li^{ʔ55}}$	冒汗状
	tsi	$\mathbf{ts\underline{i}^{ʔ55}}$	头虱
o	**lo**	$\mathbf{lo^{ʔ55}}$	多
	tso	$\mathbf{ts\underline{o}^{31}}$	高
	do	$\mathbf{to^{ʔ31}}$	断；剪
	to	$\mathbf{t\underline{o}^{ʔ55}}$	缺少
u	**du**	$\mathbf{tu^{31}}$	到
	ku	$\mathbf{k\underline{u}^{31}}$	床；架
	htu	$\mathbf{t^{h}u^{ʔ31}}$	下（雨）
	ku	$\mathbf{k\underline{u}^{ʔ55}}$	照顾
ai	**hkai**	$\mathbf{k^{h}ai^{31}}$	讲（故事）
	tai	$\mathbf{t\underline{a}i^{33}}$	形成；当；能干
au	**mau**	$\mathbf{mau^{33}}$	奇怪；发呆
	chyau	$\mathbf{ʧ\underline{a}u^{55}}$	倒是
ui	**gui**	$\mathbf{kui^{31}}$	狗
	chyui	$\mathbf{ʧ\underline{u}i^{33}}$	缝

续表

韵母	景颇语	国际音标	普通话
oi	goi	koi^{31}	鸡鸣
	poi	poi^{55}	节日
am	hkam	k^{h}am^{33}	健康
	kam	kam^{33}	愿意
em	dem	tem	照；熨
	kyem	kjem^{55}	（特地）留
im	lim	lim^{55}	覆盖；淹没
	tim	tim^{51}	即使……也
om	bom	pom^{31}	炸弹
	pom	pom^{55}	搀扶
um	bum	pum^{31}	山
	tum	tum^{33}	核；籽；粒
an	hkan	k^{h}an^{33}	野猫
	tsan	tsan^{33}	远
en	hpyen	p^{h}jen^{33}	兵；敌人
	pyen	pjen^{33}	劈；削
in	myin	mjin^{33}	（果类）成熟
	kyin	kjin^{55}	忙
on	zon	tson^{31}	好像
	ton	ton^{31}	放下
un	mun	mun^{33}	毛
	tsun	tsun^{33}	说

续表

韵母	景颇语	国际音标	普通话
ang	bang	paŋ^{31}	放；装
	chyang	ʧa̱ŋ^{33}	黑色
eng	leng	leŋ^{31}	车
	teng	te̱ŋ^{31}	真；正确
ing	ding	ti̱ŋ^{33}	笔直；准
	ning	ni̱ŋ^{33}	嫂子；弟媳
ong	nong	noŋ^{55}	湖
	jong	ʧo̱ŋ^{33}	雨伞
ung	dung	tung	坐
	pung	pu̱ŋ^{55}	桶
ap	tsap	tsa̱p^{55}	站
	kap	kap^{55}	贴着；沾上
ep	dep	tep^{55}	满的
	yep	jep^{55}	（烟）盒
ip	dip	tip^{31}	按；印
	tsip	tsi̱p^{55}	窝；（丝瓜）瓤
op	hkyop	k^{h}jop^{31}	全部
	krop	kɹo̱p^{31}	嘶哑
up	sup	sup^{55}	密
	kup	ku̱p^{55}	周到
at	dat	tat^{55}	电
	tat	ta̱t^{55}	失手

续表

韵母	景颇语	国际音标	普通话
et	set	set^{55}	戴（眼镜）；加
	chyet	ʧe̱t^{55}	背诵
it	myit	mjit^{31}	思想
	tsit	tsi̱t^{31}	绿色
ot	got	kot^{31}	驾驶
	pot	po̱t^{31}	生气
ut	hkut	kʰut^{31}	熟
	sut	sut^{31}	财富
ak	tak	ta̱k^{31}	猜
	mak	ma̱k^{55}	发愣；盲目
ek	byek	pjek^{31}	分
	pyek	pje̱k^{55}	鸭
ik	dik	tik^{31}	极；到头
	pyik	pji̱k^{55}	堵塞
ok	htok	tʰok^{31}	淘（水）
	kok	ko̱k^{55}	罐子；瓶子
uk	nuk	nuk^{55}	乐谱
	tuk	tu̱k^{55}	毒；毒素

说明：a、e、i、o、u与a̱、e̱、i̱、o̱、u̱元音松紧对立，它们不仅可以单独作韵母，还可以同m、n、ŋ、p、t、k、ʔ结合作韵母。景颇语用相同字母书写紧元音和松元音，用不同的声母加以区别。

四、声调 Nsen

调值	景颇语	国际音标	汉语
31	**wa**	**wa**^{31}	回去
33	**wa**	**wa**^{33}	牙齿
55	**wa**	**waʔ**^{55}	还（债）；赔
51	**wa**	**wa̠**^{51}	父亲

说明：景颇语书写时不标调。景颇语变调现象丰富。

五、标点符号 Gahtok kumla

景颇语标点符号	中文标点符号	中文名称
.	。	句号
?	？	问号
!	！	感叹号
,	，	逗号
,	、	顿号
;	；	分号
:	：	冒号
...	……	省略号
“”	“ ”	双引号
‘’	‘ ’	单引号
()	（ ）	括号
—	——	破折号
《》	《 》	书名号

六、弱化音节 Nsen kya mahku lamyi

在景颇语里，有相当一部分双音节词或词组的起始音节出现弱化现象，读音轻而短，故称弱化音节。比如双音节词起始音节的字母a，常弱读为[ə]、[ɨ]或[ʉ]。例如：langai[lə⁵⁵ŋai⁵¹](一)，kawa[kɨ̠⁵⁵wa³³]（梳子），waloi[wʉ³³lɔi³³]（牛）。

七、分词连写规则 Garam ka matut ka htung

（一）景颇语多音节词的音节划分方法如下：

1. 音节相连时，辅音字母前后都是元音，则辅音归后面音节。例如：

   gaji（小）　ga-ji

2. 当两个辅音字母相连且前后都有元音时，则第一个辅音归前面音节，第二个辅音归后面音节。例如：

   dumsa（祭师）　dum-sa

   如果两个辅音结合形式是声母，则两个辅音归后面音节。例如：

   shangai（生育）　sha-ngai

3. 三个辅音字母相连，前两个辅音字母是ng时，则ng归前面音节，后一个辅音归后面音节。例如：

   shingtai（独自）　shing-tai

4. 四个辅音相连时，前两个辅音字母是ng时，则ng归前面音节，后两个辅音归后面音节。如果后三个辅音结合形式是声母，则后三个辅音归后面音节。例如：

   jinghpa（背带）　jing-hpa

   gumhpro（钱）　gum-hpro

5. 五个辅音字母相连时，前两个辅音字母ng归前面音节，后三个辅音归后面音节。例如：

   dinghpring（诚实）　ding-hpring

6. 辅音n前面没有元音，后面跟另外一个辅音（g、y除外）时，前面的n自成音节，后面的辅音归后面音节。例如：

nsen（声音）　n-sen

7. 两个元音相连，如果结合形式不是韵母，且后面没有辅音字母时，则前面的元音归前面音节，后面的元音自成音节。例如：

gae（打嗝）　ga-e

8. 两个元音相连，且后面有辅音字母时，则前面的元音归前面音节，后面的元音自成音节。例如：

gaup（掩盖）　ga-up

9. 凡用以上办法仍不能区分音节的，则用隔音符号“-”分隔，当非弱化音节与其他音节相连时，同样用隔音符号加以区分。例如：

ga-yi（包烧）　na-yi（表）　la-yong（性格）

（二）连写规则 Matut ka htung

1. 多音节单纯词基本上连写。例如：

manga 五　masha 人

2. 四音节词两两连写。例如：

ruyak jamjau 艰难困苦　malu masha 吃喝住行

3. 两个音节的合成词连写。例如：

nampan 花　jigrong 蚊子

4. 两个音节以上的合成词以词为单位连写。例如：

jongma manang 同学　jan shata 太阳，月亮

5. 带前加成分的词，前加成分与词根一般都连写。例如：

amyu 民族　asi 果子

动词的前加成分n与动词分开写，其他连写。例如：

n kam ai 不想　n sa sai 不去了

nsam 颜色　nten 嘴唇

6. 叠音词连写。例如：

langaingai 一个个　　chyingchyaichyai 金斋斋

八、大小写与缩写规则 Laika gaji gaba hkrang hte ka shagyin htung

1. 句子开头的字母或诗歌每行的第一个字母大写。例如：

Masum ya masum na,masha mun jan nau papa ai.

连续三天，万人一起唱歌跳舞。

Amoi Ningwan La shangai Ningpan Majan zinghkai yang.

远古，能万拉的创造，能斑木占的繁衍。

2. 人名的姓氏和名字分写，姓在前，名在后，姓和名的第一个字母大写。例如：

Nhkum Bok Mai 恩昆保迈（女）　　Lahpai No Di 勒排诺迪（男）

3. 地名中的专名和通名分写，第一个字母大写。例如：

Sakhkung mungdo 德宏州　　Yinkyang ginwang 盈江县

Manmyeng Bum 芒缅山　　Ga-du Hka 噶度河

Hkaibangya Nong 凯邦亚湖　　Tahko Hka 大盈江

4. 机关团体名的专名和通名分写，各部分第一个字母大写。例如：

Suthpaga Dap 财务部　　Byada Dap 警察局

5. 报刊、文章标题、标语、书名等按词分写，全部字母大写或每个词的第一个字母大写。例如：

《MYITHKRUM SHI LAIKA》或《Myithkrum Shi Laika》

《团结报》

6. 人格化的名词，各分写部分的第一个字母大写。例如：

Ningwan La能万拉　　Ningpan Majan能斑木占

7. 字母缩减词、专名首字母缩略词全部大写。例如：

Wunpong 文邦人民（WP）　　Sanglang 先生（SL）

Yinnan Mungdo Jinghpo Amyu Dup Sumru Hpung

云南省景颇族研究委员会（YMJADSH）

德宏傣族景颇族自治州
地名和旅游景点
SAKHKUNG SAM JINGHPO AMYU MADU UPHKANG MUNGDO SHARA MYING HTE BUHKOM NUMCHYING SHARA

一、州/市 Mungdo/Myu

景颇语	普通话
Sakhkung Sam Jinghpo amyu madu uphkang mungdo	德宏傣族景颇族自治州
Mangshi myu	芒市
Shuili myu	瑞丽市
Nshon ginwang	陇川县
Yinkyang ginwang	盈江县
Lengho ginwang	梁河县

二、县/乡镇（街道）Ginwang/ginwang do/gat mare(gat mayan)

1. 芒市 Mangshi myu

景颇语	普通话
Munghon gat mayan	勐焕街道
Mangshi gat mare	芒市镇
Jehpang gat mare	遮放镇

续表

景颇语	普通话
Mungga gat mare	勐戛镇
Manghai gat mare	芒海镇
Funghpyin gat mare	风平镇
Sen-gang ginwang do	轩岗乡
Gyangdung ginwang do	江东乡
Sishan ginwang do	西山乡
Jungshan ginwang do	中山乡
Wucha-lu ginwang do	五岔路乡
Sanhtai shan Deang amyu ginwang do	三台山德昂族乡

2. 瑞丽市/公司 Shuili myu/Hpaga dap

景颇语	普通话
Jegau mung jarit hpaga ginra	姐告边境贸易区
Wandin sut hpaga hpo maden shara	畹町经济开发区
Nmau gat mayan	勐卯街道
Wandin gat mare	畹町镇
Nongtau gat mare	弄岛镇
Jeseng gat mare	姐相镇
Mungshu ginwang do	勐秀乡
Huyup ginwang do	户育乡
Mungdan Shuili hkaisun hpaga dap	国营瑞丽农场实业总公司
Nmau hpaga dap	勐卯公司

续表

景颇语	普通话
Hosai hpaga dap	贺腮公司
Nongtau hpaga dap	弄岛公司
Luiyin hpaga dap	雷允公司
Hka-nan hpaga dap	卡兰公司

3. 盈江县 Yinkyang ginwang

景颇语	普通话
Hpyinyang gat mare	平原镇
Htaihpyin gat mare	太平镇
Gyuchin gat mare	旧城镇
Nongjang gat mare	弄璋镇
Sama gat mare	昔马镇
Na-bang gat mare	那邦镇
Hka shang gat mare	卡场镇
Janshi gat mare	盏西镇
Ka-du ginwang do	铜壁关乡
Yusunglin ginwang do	油松岭乡
Sinchin ginwang do	新城乡
Mangjang ginwang do	芒章乡
Jina ginwang do	支那乡
Munglung ginwang do	勐弄乡
Suden Lisu amyu ginwang do	苏典傈僳族乡

4. 陇川县 Nshon ginwang

景颇语	普通话
Janghkong gat mare	章凤镇
Chinzi gat mare	城子镇
Kyinghkan gat mare	景罕镇
Nongba gat mare	陇把镇
Wangzeshu ginwang do	王子树乡
Husa Achang amyu ginwang do	户撒（阿昌族）乡
Zhinhpyin ginwang do	清平乡
Mung-yo ginwang do	勐约乡
Hugo ginwang do	护国乡

5. 梁河县 Lengho ginwang

景颇语	普通话
Jedau gat mare	遮岛镇
Mungyang gat mare	勐养镇
Mangdung gat mare	芒东镇
Hpyinshan ginwang do	平山乡
Gyubau Achang amyu ginwang do	九保昌阿族乡
Shauchang ginwang do	小厂乡
Da-chang ginwang do	大厂乡
Hosi ginwang do	河西乡
Nangsung Achang amyu ginwang do	曩宋阿昌族乡

三、景点 Numchying Shara

景颇语	普通话
Mungbana-si mau hpa rai yu chyai shara	勐巴娜西珍奇园
Wuyun hpara jong	五云寺
Hpu hti hpara jong	菩提寺
Sansen lungpu	三仙洞
Moli hka rim	莫里瀑布
Wandin hpun maling wang	畹町森林公园
Mungshu Jinghpo buga	勐秀景颇山寨
Yinzin gahtong langai mungdan lahkong	银井一寨两国
Ka-du manan tu hkrung makop maga shara	铜壁关自然保护区
Ta-hko hka	大盈江
Hkaibangya hka nong	凯邦亚湖
Nong-ang shayit hka	龙安温泉
Huwan shayit hka	户宛温泉
Janghkong gon-yin hpara jong	章凤观音寺
Wangze hpun	王子树
Fangge si hpara jong	皇阁寺
Yihtu gongngu	玉兔佛塔
Nanden senfusishu	南甸宣抚司署
Li Gin-yan nta nsa	李根源故居

景颇语民歌

团结一心奔前方

MYITHKRUM GAHKYIN NGA GA

董麻桑 词　　岳品有 曲　　翁丽丽、张斌 演唱

景颇语： **Ora e, ora ra, ora ra ga i, ora e, ora ra, ora ra ga le**

普通话： 哦嘫吔，哦嘫嘫，哦嘫嘫嘎咦，哦嘫吔，哦嘫嘫，哦嘫嘫嘎咧

景颇语： **Wunpong myu sha ni a htunghking manau poi go**

普通话： 景颇族的传统目瑙纵歌节

景颇语： **Amyu sha ni hkrumzup gahkyin ai shara rai**

普通话： 是各族人民欢聚的节日

景颇语： **Wunpong htunghking maka pya dan ai shara rai**

普通话： 是展示民族文化的平台

景颇语： **Htuk tsom ai shingkang ai buhpun mon sumli la**

普通话： 穿上节日的盛装

景颇语： **Shayi nu num ni le nannan tsom dik sai**

普通话： 女子们最漂亮

景颇语： **Shadang wa la ni mung ramram shingkang ai**

普通话： 男人们超帅气

景颇语：**Ora ra e, ora ra, ora ra ga i, ora ra e, oa ra, ora ra ga le**
普通话：哦嘫嘫咃，哦嘫嘫，哦嘫嘫嘎咦，哦嘫嘫咃，哦嘫嘫，哦嘫嘫嘎咧

景颇语：**Chyurum hpunau yong hkum sai**
普通话：同胞们都到齐了

景颇语：**Sumtsan manam mung du sai**
普通话：远方的客人也来了

景颇语：**Myithkrum manau jom nau let**
普通话：共跳团结奋进的目瑙纵歌

景颇语：**Sut su nga mai lam tam ga**
普通话：探索致富新路子

景颇语：**Lago lahkrip ra ra rai**
普通话：踏着整齐的舞步

景颇语：**Naushong naupa hpang hkan nang**
普通话：跟着瑙双瑙巴

景颇语：**Kashun magyi gazu zu**
普通话：跳出卷曲的蕨叶等形状

景颇语：**Kawang maka singgo go**
普通话：绘成方块形等图案

景颇语：**Jamga layit pyen gashai**
普通话：扇子翩翩飞舞

景颇语：**Nhtu ningshan tu gala**
普通话：长刀闪闪发亮

景颇语：**Wunpong manau laklai shai**
普通话：独特的景颇族目瑙纵歌

景颇语：**Manau maka lachyum sung**
普通话：目瑙图案意义深

景颇语：**Buhpun hking mung tsom la ai**
普通话：光鲜亮丽的景颇服装

景颇语：**Gaga myu ni hpun tim tsom**
普通话：任何民族穿上它都漂亮

景颇语：**Masha mun sen mai shang nau**
普通话：目瑙纵歌——万人狂欢舞

景颇语：**Manot dingsot ka hkrang htuk**
普通话：舞步整齐舞姿优美

景颇语：**Yu ai ni mung yu tsom dum**
普通话：观众入迷

景颇语：**Nau ai ni mung pyo dik sai**
普通话：舞者陶醉

景颇语：**Pyo dik htum ai manau poi**
普通话：快乐的目瑙纵歌节

景颇语：**Mungkan ting hta danhkung sai, danhkung sai**
普通话：闻名世界，闻名世界

景颇语：**Ora ra ga lo**
普通话：哦嘫嘫嘎啰

景颇语：**Ora e, ora ra, ora ra ga i, ora e, ora ra, ora ra ga le**
普通话：哦嘫吔，哦嘫嘫，哦嘫嘫嘎咦，哦嘫吔，哦嘫嘫，哦嘫嘫嘎咧

景颇语：**Shingkang shingwang rong ai anhte a manau poi**
普通话：极其宏伟壮观的目瑙纵歌

景颇语：**Amyu shagu yong mung shang lom lu nga ai manau rai**
普通话：各民族共同参与的目瑙纵歌

景颇语：**Anhte a htunghking hpe makop maga hton matut sa wa let**
普通话：要保护传承好我们的传统文化

景颇语：**Wunpong sha ni yong myit ngui myit pyo hkamja nga ga i ya**
普通话：祝大家心情愉快，健康幸福

景颇语：**Myithkrum mangrum gahkyin nga ga oi**
普通话：让我们团结一心 奔前方

景颇语：**Ora e, ora ra, ora ra ga i, ora e, ora ra, ora ra ga le**
普通话：哦嗦吔，哦嗦嗦，哦嗦嗦嘎咦，哦嗦吔，哦嗦嗦，哦嗦嗦嘎咧

景颇语：**Ora e, ora ra, ora ra ga i, ora e, ora ra, ora ra ga le**
普通话：哦嗦吔，哦嗦嗦，哦嗦嗦嘎咦，哦嗦吔，哦嗦嗦，哦嗦嗦嘎咧

歌词大意：

哦嗦吔，哦嗦嗦，哦嗦嗦嘎咦，哦嗦吔，哦嗦嗦，哦嗦嗦嘎咧。景颇族的传统目瑙纵歌节，是各族人民欢聚的节日，是展示民族文化的平台，穿上节日的盛装，女子们最漂亮，男人们超帅气。

哦嗦嗦吔，哦嗦嗦，哦嗦嗦嘎咦，哦嗦吔，哦嗦嗦，哦嗦嗦嘎咧。（说唱：同胞们都到齐了，远方的客人也来了，共跳团结奋进的目瑙纵歌，探索致富新路子，踏着整齐的舞步，跟着瑙双瑙巴，跳出卷曲的蕨叶等形状，绘成方块形等图案。扇子翩翩飞舞，长刀闪闪发亮，独特的景颇族目瑙纵歌，目瑙图案意义深，光鲜亮丽的景颇服装，任何民族穿上它都漂亮。目瑙纵歌万人狂欢舞，舞步整齐舞姿优美，观众入迷，舞者陶醉，快乐的目瑙纵歌节，闻名世界，闻名世界，哦嗦嗦嘎啰）

哦嗦吔，哦嗦嗦，哦嗦嗦嘎咦，哦嗦吔，哦嗦嗦，哦嗦嗦嘎咧。各民族共同参与的目瑙纵歌，极其宏伟壮观，我们要保护传承好传统文化，祝大家心情愉快，健康幸福，让我们团结一心奔前方，哦嗦吔，哦嗦嗦，哦嗦嗦嘎咦，哦嗦吔，哦嗦嗦，哦嗦嗦嘎咧。

景颇语水平测试题
JINGHPO GA MADANG SANPOI SAN LAIKA

景颇语水平测试题（初级）

一、选择题

1. “目瑙纵歌节”是（　　）的传统节日。

A. 德昂族　B. 彝族　C. 景颇族　D. 傈僳族

2. 下列汉语与景颇语不相对应的一项是（　　）。

A. 老虎—ronggok　B. 羊—bainam

C. 狗—gui　D. 马—gumra

3. “麻鲁”在景颇族家庭里女儿排行第（　　）。

A. 一　B. 二　C. 三　D. 六

4. “hkamja”的意思是（　　）。

A. 健康　B. 身体　C. 不好　D. 问候

5. 景颇语共有（　　）个声调。

A. 三　B. 四　C. 六　D. 九

6. 下列哪一项不是“ngai”的意思？（　　）

A. 鱼　B. 牛　C. 有　D. 我

7. “我”的书面语应该是（　　）。

A. ngai　B. nga　C. nye　D. an

8. “Jidui”的意思是（　　）。

A. 祖父　B. 祖母　C. 舅舅　D. 舅母

9.《目瑙斋瓦》是（　　）的史诗。

A. 景颇族　B. 傣族　C. 壮族　D. 阿昌族

10. “ladi” 是指身体部位中的（　　）。

A. 嘴巴　B. 鼻子　C. 耳朵　D. 眼睛

11. “百万” 的景颇语是 “wan”，“万” 的景颇语是（　　）。

A. sen　B. ri　C. tsa　D. mun

12. “laban hpang mali ya” 的意思是（　　）。

A. 星期五　B. 星期四　C. 周四以后　D. 四天以后

二、翻译题

1. 你多大了？

2. 我今年二十四岁了。

3. 吃饭了吗？

4. Chyeju gaba sai!

5. Nang go hpa bo gasha rai?

6. Ngai na shaga mying go Ma Hkon nga ma ai, Nhkum gasha re.

三、简答题

（一）请默写字母（23个）

（二）请默写声母（40个）

（三）请默写韵母（39个）

景颇语水平测试题（中级）

一、选择题

1. “Mun masum e lahkong tsa”的意思为（　　）。

A. 302101　B. 30200　C. 32101　D. 32100

2. 数词“一百”应该用（　　）表示。

A. langai tsa　B. tsa langai　C. latsa　D. tsa mi

3. “amyu”有“种类；民族”之意，“amyumyu”的意思是（　　）。

A. 多种民族　B. 两种　C. 各种各样　D. 一种民族

4. 下列不属于植物的是（　　）。

A. nai　B. hkainu　C. layang hpun　D. lapu

5. 下列选项不互为反义词的一组是（　　）。

A. ja-kya　B. gaji-gaba　C. galu-htat　D. gashung-gahtet

6. “________ hkum hti sa.”应补充省略成分（　　）。

A. Nanhte　B. Ngai　C. Nang　D. Nan

7. 下列选项书写正确的是（　　）。

A. Miwa Mung　B. Bekying

C. Sak hkung　D. MangShi

8. 景颇族民歌表现形式多样。其中“Majan”属于（　　）的歌体。

A. 劳动类　B. 习俗类　C. 爱情类　D. 其他类

9. 四音格词是由四个音节按一定的结构规则组合而成的词汇或词组。景颇语四音格词十分丰富，主要有AABB、ABAB、ABCD、ABAC等四种音节搭配类型，下列属于ABAC式的是（　　）。

A. gabu gara　B. hpaji ningli

C. matse lapye　D. prupru shangsahng

10. “吐良”是景颇族独有的（　　）。

A. 农具　　B. 工具　　C. 炊具　　D. 乐器

11. 下列汉语与景颇语不相对应的一项是（　　）。

A. 医院——tsirung　　B. 学校——jong

C. 邮局——jak rung　　D. 车站——modo daru

12. “sangan ta”的意思是（　　）。

A. 五月　　B. 十月　　C. 九月　　D. 六月

二、翻译题

（一）单词或词组

1. Sakhkung mungdo /n lo amyu /Jinghpo amyu

2. chyinghka hpo /chyinghka la

3. shan gap /dusat /dumsi

4. hkrit hpa /nguipyo

5. dat/datnu/dat sumri

6. 天阴/打雷/下冰雹

7. 春天/夏天/秋天/冬天

8. 表演/舞蹈/唱歌

9. 考试/驾照/合法

10. 戒指/耳环/项链

（二）句子

11. 下雨了。

12. 太阳出来了。

13. 这是芒市。

14. 这个地方很漂亮。

15. 来客人了。

16. 你是什么民族?

17. 我是景颇族。

18. Modo daru gara ko rai?

19. Ya hkying gade rai sa?

20. Ya hkying shi langai rai sai.

21. Yahte hpakyi grai hpu ai.

22. Shata langai pro shi manga ya ko manau poi galo ai.

23. Anhte htunghking poi hpe ahkyak la ra ai.

24. Masha ni a bo pagon n mai masop ai.

三、简答题

（一）请默写景颇语1—20的数词。

（二）请默写景颇语1—12月份的名称。

（三）景颇语的四音格词十分丰富，韵律和谐、结构有序是它的主要特点。请列举6个以上的四音格词。

景颇语水平测试题（高级）

一、选择题

1. 下列汉语与景颇语不相对应的一项是（　　）。

A. 校长—jong up　　B. 理发—kara do

C. 生意—hpaga　　D. 手镯—la-chyop

2. 用以指示或标记人或事物的词即为指示代词。当事物离说话人较近、听话人较远时，应使用（　　）。

A. dai　　B. wora　　C. ndai　　D. lera

3. 用以指示离说话人、听话人都较远的事物，且物体位置比说话人高，应使用（　　）。

A. wora　　B. dai　　C. lera　　D. htora

4. 景颇语的语序为主语—宾语—谓语。“我是学生”这句话的正确语序是（　　）。

A. Ngai go jongma re.　　B. Ngai jongma go re.

C. Jongma ngai go re.　　D. Jongma go ngai re.

5. “鸡叫了”的景颇语应为（　　）。

A. U wau sai.　　B. U shaga sai.

C. U goi sai.　　D. U ngoi sai.

6. “Ngai go dumsu shan grai shara ________.”应补充省略成分（　　）。

A. sai　　B. nngai　　C. masai　　D. da

7. 下列选项不是多义词的是（　　）。

A. shata　　B. laika　　C. hpun　　D. makrat

8. 下列选项书写错误的是（　　）。

A. Nhkum la ja　　B. Marip Gam

C. Lahpai No Ja　　D. Labang Bok Mai

9. 下列选项不是景颇族传统习俗的是（　　）。

A. 过草桥　B. 进新房　C. 树叶信　D. 放鞭炮

10. 弱化音节是景颇语的特点之一。它表现为两个音节相连时，出现前一音节读音变弱的现象。下列选项符合上述现象的是（　　）。

A. la sha　B. numsha　C. masha　D. naimam

11. 下列选项不是隔音符号“-”的作用的是（　　）。

A. 避免两个音节相连时发生混淆的情况

B. 连接移行时拆分的音节

C. 区分非弱化音节与后面的音节

D. 是一种固定的写作格式

12. “马路”的景颇语是（　　）。

A. hka lam　B. modo lam

C. gumra lam　D. numbro lam

二、翻译题

（一）成语

1. 不计其数

2. 不卑不亢

3. 不骄不躁

4. 左邻右舍

5. 崇山峻岭

（二）句子

6. 这里外地人很多。

7. 打三四天针就好了。

8. 这家的豌豆粉很好吃。

9. 一个月薪水多少？

10. 你打错电话了。

11. 木耳没有菌子好卖。

12. 他们几个打猎去了。

13. 我的身份证弄丢了。

14. 她人很好，经常帮助别人。

15. Daini go grai gashung la ai.

16. Nang hpa bo sha mayu a ta?

17. Ngai nga shan shapyo sha mayu ai.

18. Tsa nau lu shalo nna hkum n pyo ai.

19. Ndai mahkau mayan ko pyo chyai shara i nga ai rai?

20. Shong de Jinghpo la sha ni hturen chye dum ai hkrai re.

21. Tinang a htunghking tinang hton matut ra ai.

22. Anhte ko nna mung htingrep sin makop nga ai hpyenla ni hpe hkungga ra ai.

23. Nang dakgasu jong ko nna pru jang gade mu sa tam galo na hkyem a ta?

三、简答题

请写一个自我介绍，包括姓名、民族、年龄、籍贯、兴趣爱好、家庭概况等内容。

景颇语水平测试题参考答案
JINGHPO GA MADANG SANPOI SAN LAIKA MAHTAI

景颇语水平测试题（初级）

一、选择题

1. C　2. A　3. B　4. A　5. B　6. D
7. A　8. A　9. A　10. B　11. D　12. B

二、翻译题

1. Nang gade gaba sa?/Nang asak gade ning rai sa?
2. Ngai daining hkun mali ning rai sai.
3. Shat sha sai i?/Shat i sha sa?
4. 谢谢！
5. 你姓什么？
6. 我叫麻宽，姓岳。

三、简答题

（一）字母（23个）：

Aa　Bb　Cc　Dd　Ee　Ff　Gg　Hh　Ii　Jj　Kk　Ll　Mm　Nn
Oo　Pp　Rr　Ss　Tt　Uu　Ww　Yy　Zz

（二）声母（40个）：

b p hp m w f d t ht n l z ts zh s j chy ch sh r g k hk ng h y br pr hpr gr kr hkr by py hpy my gy ky hky ny

（三）韵母（39个）：

a e i o u ai au ui oi am em im om um an en in on un ang eng ing ong ung ap ep ip op up at et it ot ut ak ek ik ok uk

景颇语水平测试题（中级）

一、选择题

1. B 2. C 3. C 4. D 5. C 6. C
7. A 8. B 9. A 10. D 11. C 12. D

二、翻译题

（一）单词或词组

1. 德宏州/少数民族/景颇族
2. 开门/关门
3. 打猎/野兽/豪猪
4. 危险/安逸
5. 电/电脑/电线
6. lamu mung/mu gung/sin hkrat
7. htingra ta/yi-nam ta/mangai ta/nshung ta
8. zat pya/zat ka/mahkon hkon
9. sanpoi shang/got hkang lakmat/tara shang

10. la-chyop/na latan/hkachyi

(二) 句子

11. Marang htu sai.
12. Jan pru wa sai.
13. Ndai go Mangshi re.
14. Ndai ginra grai tsomhtap ai.
15. Manam du sai.
16. Nang go hpa bo amyu rai?
17. Ngai go Jinghpo amyu re.
18. 车站在哪里?
19. 现在几点了?
20. 现在十一点了。
21. 最近香菜很贵。
22. 正月十五号举办目瑙纵歌节。
23. 我们要重视传统节日。
24. 不能乱摸别人的头。

三、简答题

(一) 请默写景颇语1–20的数词。

langai 一	lahkong 二	masum 三
mali 四	manga 五	kru 六
sanit 七	matsat 八	jahku 九
shi 十	shi langai 十一	shi lahkong 十二
shi masum 十三	shi mali 十四	shi manga 十五
shi kru 十六	shi sanit 十七	shi matsat 十八
shi jahku 十九	hkun 二十	

（二）请默写景颇语1—12月份的名称。

hkru ta 一月	ra ta 二月	wut ta 三月
shala ta 四月	jahtum ta 五月	sangan ta 六月
shi mari ta 七月	gupshi ta 八月	guptung ta 九月
kala ta 十月	maji ta 十一月	maga ta 十二月

（三）景颇语的四音格词十分丰富，韵律和谐、结构有序是它的主要特点。请列举6个以上的四音格词。

AABB式：ruru rara; nunu nainai; wawa sasa; dingding manman

ABAC式：namsi namso; maumui mausa; galu gaba; hpaji hparat

ABCD式：ninghkong jaiwa; sumsing lamu; chyahpung shachya

ABAB式：adap adap; nipla nipla; alok alok; gaman gaman

景颇语水平测试题（高级）

一、选择题

1. D　2. C　3. D　4. A　5. C　6. B

7. D　8. A　9. D　10. C　11. D　12. B

二、翻译题

（一）成语

1. hti n dang
2. myit kang sari ngang
3. gumrong gumra n rai
4. htingbu htingpyen
5. bumlang shagong

（二）句子

6. Ndai ginra ko shinggan masha grai lo ai.
7. Tsi masum mali ya htu jang rai sai.
8. Ndai nta na wanduhpun grai mu ai.
9. Shata mi la-hka gade wa rai?
10. Nang chye-nan gayat shut sai?
11. Makrat go mati daram n dut pyo ai.
12. Shanhte shan gap sa wa sai.
13. Ngai a matpungtin shamat kau sai.
14. Shi grai mai ai, galoi mung masha ni hpe garum kam ai.
15. 今天太冷了。
16. 你想吃什么?
17. 我想吃水煮牛肉。
18. 酒喝多了身体不舒服。
19. 这附近有什么好玩的地方?
20. 过去，景颇族小伙子普遍会吹“吐良”。
21. 自己的文化自己要传承。
22. 我们要向戍守在边疆的战士们致敬。
23. 你大学毕业后准备去哪里找工作?

三、简答题

参考示例：

Ngai na mying go Maran Hkon Nu nga ma ai, Jinghpo re, daining asak hkun manga ning rai sai, Sakhkung ga na rai nngai, ya ngai dakgasu jong no lung nga ai, ngai go mahkon grai kam hkon ai jan re, anhte nta hta nu yan wa, ngai hte ganau la sha anhte marai mali rai ga ai, nu go jong sara re, wa go tsi sara re, ganau la sha go lahta tsang jong no lung nga ai, annu wa ni a dinghku alum ala nga grai pyo ai.